インタラクション能力と評価

英語での「話すこと（やり取り）」

鶴見大学比較文化研究所

根岸　純子 Junko Negishi

はじめに

　2020年から2022年にかけて，小学校・中学校・高等学校で施行開始された学習指導要領では，英語における「読むこと」「書くこと」「聞くこと」「話すこと」の4技能のうち，「話すこと」が「話すこと（発表）」と「話すこと（やり取り）」に分けられ，4技能5領域となった。特に「やり取り」はこれまでの学習指導要領では取り入れられていなかった領域であり，学校現場では戸惑いもみられるが避けては通れない状況である。

　本稿では，「やり取り」を「インタラクション」として，文献に基づいた理論および先行研究について述べる。第二言語習得を目的とした複数人によるインタラクションあるいはディスカッションは，ペアやグループによる口頭対話という意味で "paired/group oral（interaction/discussion）" として扱われることが多い。本稿において紹介する以下の研究は，主に "paired/group oral" に関するものとなる。なお，英語で書かれた先行研究は，基本的に著者が日本語に翻訳した。

目次

1 インタラクション能力

1.1 インタラクションの歴史および現状

　第二言語習得に関する研究の歴史は浅く，エディンバラ大学のピット・コーダーが第二言語学習者のエラー分析をした1960年代が始めであろうと言われている。それまでは，第一言語，つまり母語の獲得についての研究が中心で，第二言語習得や中間言語についての研究は，ほとんど行われることがなかった。

　そのような状況下，第二言語の習得状況を評価するために複数人によるやり取り（まずはペア）が取り入れられたり，研究がなされたりするようになったのは，1980年代の英国でコミュニケーションを重視した教授法が導入され，テスト形式にも変化がみられるようになったことに起源を発する（Philp, Adams, & Iwashita, 2014）という説がある。しかし，実際は，それよりも前の1976年に Folland and Robertson が "group oral testing" をパフォーマンス・テストとして取り入れ，研究論文を書いていることから，パフォーマンス評価には40年以上の歴史があるといえる。彼らはディスカッションをインタビューと比較して，前者の長所を以下のように述べている。

　　ディスカッションは受験者がコントロールしていて，試験官は決められた評価基準に従って言語内容のみを評価するためにそこにいる。その利点として，試験官は自分では話さないこと，受験者は言語を話す時間がより多いこと，そしておそらく話す気分にもなっていることが挙げられる。

　　　　　　　　　　　　　　　　　　　（Folland & Robertson, 1976, p. 161）

　このように，Folland and Robertson がディスカッションの利点を述べてい

た時期と相前後して，Canale and Swain（1980）および Canale（1983）の「コミュ
ニケーション能力（communicative competence）」や，Bachman and Palmer
（1996）の「コミュニケーション言語能力（communicative language ability: 後
に language ability）」など，コミュニケーションに関する様々な概念や枠組み
が相次いで発表されているが，これらの共通点は，その能力が個人に帰すると
いうことである。

　McNamara（1997）は，このような個人に焦点を当て過ぎている慣習的な方法
に異を唱えるとともに，社会的な側面を認識すべきであると述べている。
Kramsch（1986），Long（1996），Chapelle（1998），Young（2000）等は，個人を
対象として評価してきた上記のようなコミュニケーション能力に対し，全ての
話者が協働的に参加してやり取りを行う「インタラクション能力（interactional
competence: IC）」の構成概念について論じた。前者のコミュニケーション能
力や（コミュニケーション）言語能力は，どのような状況や文脈でも運用でき
るという考え方に基づいているが，後者のインタラクション能力は話者の間で
協働的に構築される（co-constructed）ものであることから，特定の場において，
より経験のある他者とのやり取りにより習得されるという考え方に基づいてい
る。Roever and Kasper（2018）は，言語知識とインタラクション能力は別の種
類の能力であるとも述べている。

　このように，インタラクション能力の重要性にも光が当てられるようになっ
てきており，その一例として，Language Testing という第二言語・外国語に
おけるテスト評価の主要学術誌では，2009年に group oral とその評価につい
ての特集を，2018年にはインタラクション能力の特集を組むなど，複数話者に
対するインタラクション評価をテーマとした論文の投稿が増加している。これ
はコミュニカティブな言語教授法（Communicative Language Teaching:

CLT）とともに，インタラクションが教室内および実社会の両方において，議論し合う能力を評価する方法としてますます人気を博すようになったからであり，テストで使用される課題と実社会で課される課題が合致するという重要性からきている（Ockey, Koyama, Setoguchi, & Sun, 2015）。このように，インタラクション能力の重要性が認識され，学習や評価の場でインタラクションが取り入れられるようになってきた昨今，日本ではどうかというと，授業でも試験でもあまり実施されることなく，研究も希有であるというのが実情である。一方，冒頭でも述べたように，2020年から順次施行された学習指導要領ではインタラクション（やり取り）の実施が従前の指導要領にも増して，必須とされるようになってきている。

1.2 インタラクションを含む英語試験

インタラクションを取り入れている公的な試験にはどのようなものがあるのだろうか。以下に，研究にも使用されている試験を含め，いくつか挙げる。

まず，世界規模で使用されているテストの一つ，ケンブリッジ英検のうち，Certificate of Proficiency in English（CPE；現在は Cambridge English: C2 Proficiency）と First Certificate in English（FCE；現在は Cambridge English: B2 First）では，1980年代以降，ペアの試験が取り入れられていたが（Taylor, 2000），現在ではごく初級を除き，ほぼ全試験のスピーキング部門において受験者同士のインタラクションが実施されている 。そこでは，インタラクションの開始部分を除き，試験官（Interlocutor: 対話者と呼ぶ）はインタラクションに介入せず，受験者（Candidate）同士がタスクに取り組む形式が取られている。

香港では，英語を専攻していない大学生の出口試験である the Hong Kong

Use of English Test and in China as the College English Test（CET） ―
Spoken English Test and the Public English Test Systems（He & Dai, 2006）や，
School Based Assessment in the Hong Kong Certificate of Education
Examination（Gan, 2010; Gan, Davidson, & Hamp-Lyons, 2009）が実施されて
いるという。

　van Batenburg, Oostdam, van Gelderen, and de Jong（2018）は，口頭のパ
フォーマンス・テストは個人を対象としたものから，現実世界にみられるイン
タラクションを喚起するペアやグループにシフトしつつあると述べている。

　一方，日本では，入学試験のような一般的なものにはなっておらず，実用英
語検定試験（英検）やETSの実施しているTOEICやTOEFLなどの英語能
力テストでもインタラクションはみうけられない。大学入試においても，本稿
の執筆段階では未だスピーキング・テストさえ取り入れられていない。しかし，
2020年から施行された学習指導要領の外国語（英語）科において，「話すこと」
の中に「やり取り」が含まれたこともあり，人と人との間におけるインタラク
ション能力やディスカッション能力は，今後ますます必要とされていくことと
なろう。

　次章では，インタラクションの短所および長所について述べる。

2 インタラクションの短所および長所

2.1 インタラクションの短所に関連した先行研究

　教育現場におけるインタラクション活動が必要であることは論を待たないであろう。生徒や教員，受験生からもペアやグループによるインタラクションには肯定的な意見が多いし，波及効果もみられるという報告（Philp, Adams, & Iwashita, 2014）もある。それでは，なぜ，日本の学校現場においてインタラクション活動があまり普及しないのであろうか。大きな理由は2つ考えられる。1つは指導が難しいと思われていることであり，もう1つは評価が難しいことであろう。ここでは後者の評価の難しさに関わる研究について述べる。

　教員が危惧するのは，インタラクション形式において，個々の学習者が適切に自分の能力を発揮して，それを教員が正しく評価できるのか，ということであろう。ある話者が対話者の影響を受けてしまうとすれば，公平さとテストの信頼性に影響を及ぼしてしまう（Philp, Adams, & Iwashita, 2014）のではないかと教員が心配することも考えられる。確かに，複数の話者がインタラクションをするという形式は，対話相手の影響を受けやすいという点において，面接形式ほど信頼性が高いとはいえないであろう。Norton(2005)は，コントロールできない対話者の変数として，性別・年齢・親しさ・立場・内向性や外向性の性格・話そうとする意欲・英語能力の違いなどを例として挙げている。一人語りであるモノローグや絵の描写といった単独話者のテストでは，このような変数の影響が少ないため，信頼性も高くなる。また，Nortonは対話者の質についても述べている。つまり，面接の場合，受験者に対する対話者は訓練を受けているかプロの面接官であり，受験者から必要な発話を引き出すことに慣れている。しかし，小グループにおける対話者は受験者同士であることから訓練

もできないし，質が悪くなってしまうという考え方である。そのような対話者は，グループにおいて，他の話者を乱してしまう可能性があると示唆している研究者（Brooks, 2009; Van Moere, 2006）もいる。一方で，対話者が面接官であるか被験者同士であるかの比較研究においては，一般的に，被験者は面接官と話すより被験者同士で話した方が高得点を得る傾向があるといわれている。

また，Philp, Adams, and Iwashita(2014)の指摘する通り，個人の好みの問題がある。つまり，テスト形式として，インタビューを好む人もいるし，インタラクションを好む人もいるということである。また，インタラクションによって産出された言語には，評価基準に載っていないものがあって，せっかくインタラクション能力を発揮したとしても点数に結びつかないという問題点もある。これらが，インタラクションを評価する複雑さの一つであろう。

どの要因が評価に影響を及ぼすのかについては様々な研究があるが，それぞれの相互作用などまで考えると非常に複雑で，大変難しい問題である。同じ要因について研究したとしても，条件や設定によって研究結果が異なることもある。Van Moere(2006)は，受験者のパフォーマンスに最も影響を及ぼすのは，対話者の性格とグループ内の動的インタラクション（interaction dynamics）であると述べていることから，以下では，対話者の性格についての先行研究から概観し，その後，様々な要因による影響について紹介する。

2.1.1 対話者の性格

まず，対話者の要因としてよく研究されている「性格の違い」に関する先行研究である。Ockey(2009)は，グループ・インタラクションにおいて「自己主張」の強い話者とそうでない話者の違いについて比較した。ただし，自己主張の強さは本人の自己評価による。この研究における要因は自己主張だけではな

く，相手との親密さと英語力も含まれている。テストは2種類で，1つは Phone Pass という電話で話す個別のテストであり，もう1つが3名グループによるインタラクションであった。後者の結果，自己主張の強い話者1名がそうでない話者2名と共に評価された場合は自己主張の強い話者が予想より高得点を取った反面，残り2名も自己主張が強い話者であった場合は予想より低得点であった。一方，自己主張の強くない話者は対話者の自己主張度とは関係なく一定の得点であったという。 Ockey は，この結果の原因として，評価者の側からみて，自己主張の強い話者がそうでない話者をリードしていれば肯定的に捉えて点を与えるが，自己主張が強い話者同士がリーダーシップを争うようなことがあればペナルティーを与えるからではないかと考察している。

　Van Moere(2006)は，日本の大学で1,100名の学生と40名の評価者の実施した大規模な学内試験を分析している。その際，親密度の影響を避けるため，同じクラスの学生を一緒にしないようにした上で，4名グループのインタラクションを実施した。その結果，グループ・メンバーの性格は得点に影響していなかったと報告している。つまり，学生は他のメンバーによってインタラクションに対する貢献度が阻害されたという感覚はなかったし，また，英語の能力や性格にも影響されなかったと述べていたという。

　他の研究においては，外向的な性格や言語力の高い参加者と組んだ方がやや有利になるという研究 (Bonk & Van Moere, 2004; Berry, 2004) もある一方で，有意差は認められないという報告 (Davis, 2009) もあり，結果は条件によって異なっている。したがって，対話相手の性格に影響を受ける，という一貫した結果は出されていない。

2.1.2 対話者との親密度

　対話者との親密度とグループによるインタラクションとの関係を探った研究に，Ockey, Koyama, and Setoguchi(2013)がある。級友と組んだ場合と級友以外と組んだ場合で，得点がどの程度異なるのか，また，得点の信頼性は保たれるのかという観点から統計手法を用いて分析を行ったものである。4名グループでディスカッションを行い，英語母語話者が2人組で9段階のスケールを用い評価した。その結果,対話者との親密度はテスト得点には影響を及ぼさなかったと報告している。

　一方，O'Sullivan(2002)はペアのインタラクションにおける親密度との関係を分析し，友人と組んだ場合と知らない相手と組んだ場合では，前者の方がより高得点を得られたと報告している。32名の日本人が，一度目は友人と，二度目は知らない相手と，3種類のタスク（自己紹介，物語を話すこと，決定を下すこと）に参加した場合，友人と組んだ方が高得点であったという結果が得られたという。しかし，言語的な複雑さには影響がみられず，正確さに関しては性別による相互作用がみられたと報告している。

　このように，様々な要因が複雑に絡み合うことから，親密度に関して統一した結果は出ていない。そういう意味からいえば，教室内でインタラクション評価をする場合に，対話者との関係に神経を尖らせる必要はさほどないのではないだろうか。

2.1.3 対話者の英語力

　対話者の英語熟達度が得点に影響を与えるかどうかということに関しても，様々な結果がでている。例えば，Berry(2004)では，ある話者が英語力の高い他の話者とインタラクションをした場合，英語の産出量が増えたとはいえ，統

計的に有意な得点差に結びついていたわけではなかったという。また，Davis (2009)は，ケンブリッジ英検の過去問題を使用し，中国人の大学生を被験者として対話者の英語力による影響を調べている。そこでは，英語学習者を能力別に「高い」，「低い」の2レベルに分け，一回は同等の熟達度の対話者と，もう一回は異なる熟達度の対話者とペアのインタラクションを行った場合の影響について調査している。その結果，下位レベルの受験者は，上位レベルの対話者と組んだ場合，より多く言語を産出したものの，対話者の熟達度による統計的に有意な得点差はみられなかったという。さらに，被験者の得点や言語の産出量を個別に調べてみたところ，個人差が大きかったと報告している。この個人差の問題は，Iwashita(1996)も言及している。

Negishi (2015a) は，同一の参加者が単独・ペア・3名グループの3種類の異なる形式のスピーキング活動に参加した際に，ペアやグループ内で対話者の言語レベル（上位・中位・下位）に影響を受けるか否かについて分析した。評価者5名の評価が統計的に信頼性があることを確認した上で分析を実施したところ，上位・下位の参加者に比較して，中位レベルの参加者の方が，単独の形式よりもペアやグループ形式の言語活動において高得点を得る傾向がみられた。上位レベルおよび下位レベルの参加者は，どのような相手と組んでもさほど違いはみられなかった。しかし，全員が同じ傾向を示した訳ではなく，Iwashita (1996)同様，個人による違いがみられたことと，質的分析の結果では，どのレベルの参加者の発話にも特筆すべき差違はみられなかったと報告している。

また，Nakatsuhara(2011)は，3名ないし4名の日本人高校生のインタラクションにおいて，英語熟達度の高い話者と低い話者の組み合わせ方によって言語の産出量に差がみられたと報告しているが，得点については調べていない。一方，Nakatsuhara の研究における質的分析では，上位レベルの話者が下位レ

ベルの話者を手助けすることにより，後者が話を続けられるようにしたり，対話的あるいは協働的インタラクションを強めたりしていると述べ，このような能力を評価することの必要性を提案している。

2.1.4 タスクやトピックによる評価差

　取り組むタスクあるいはテストの形式によって評価結果が異なるのではないかと考え，Fulcher(1996)は，3つの異なるタスクによる違いをみた。1つ目は絵を描写するという1対1のインタビューとそれに続くグループ・インタラクション，2つ目はIELTSのインタビュー・テストに似たもので，受験者は事前に与えられた文章を読み，多肢選択の質問に答えるというもの，3つ目は多くのアイディアが書かれたカードをみて10分間の準備時間を取ってから15分間のディスカッションをするというものであった。タスク終了後の質問紙によると，受験者はディスカッション・タスクの時が最も不安度が低いと感じていたと回答し，分析の結果，受験者は実際により多く話していたことが判明したという。実験結果の分析を通してFulcher は，タスクの違いは評価者が与える得点に影響を与えるものの，その得点への影響は小さく無視してもよいものであったとした一方で，それよりも，社会的要因，つまり対話者の違い，グループ・ダイナミクス，評価者の違い，使用する評価基準の違いの方が影響力が大きかったと考察している。また，被験者のタスクに対する好みは，タスク3,1,2の順であったと報告している。一方，Leaper and Riazi(2014)はトピックが異なることにより，ディスカッションにおけるインタラクション・パターン（3.2.1，図1参照）に影響を与えると述べているものの，得点に影響はなかったと報告している。

　Van Moere(2006)は，与えられたトピックがグループ内の誰かにとって興

味のあるものであれば，興味がないと感じる話者よりも豊かな話を引き出すことが可能かもしれないが，一方で，教員が興味を持たせるようなトピックを出したとしても，そのトピックに全員が興味を持つとは限らない，とトピック選択の難しさについて述べている。しかしながら，Van Moere のグループ・インタラクション時のトピックに関する研究によると，家族・旅行・結婚・ライフスタイルという異なるトピックを使用してその差をみた結果，評価者の評価の差の方が大きいため，どのようなトピックについて話をするかの差はあまり問題にならなかったと報告している。

2.2 短所と長所のせめぎ合い

　2.1で述べたような要因は，テストの妥当性や信頼性（4.1参照）に対する脅威ともなり得るため，それがグループによるパフォーマンスやその評価があまり実施されてこなかった理由でもあろう。加えて，評価者の厳しさや一貫性のなさが，他のパフォーマンス・テスト同様，このテスト形式の妥当性をおびやかしているという事実もある（Bonk & Ockey, 2003）。しかし，Bonk and Ockey は，2.1に述べたような要因があるにも拘わらず，グループによる口頭インタラクション実施の必要性を強調している。つまり，1回のパフォーマンスだけで能力を測定して，受験者の全体的な口頭能力とするには確かに不十分であろうが，紙ベースの文法・語彙・読解テストよりは，測定したいインタラクション能力の構成概念に近い，という考えである。世界中の多くの教育機関では，パフォーマンスの評価は未だ新しい考え方かもしれないし，時間のかかる形式を取り入れるのは難しいであろうが，正しい方向へのステップだと思われる，と彼らは述べている。つまり，このような，テストの信頼性や公平性に関していえば問題となり得る，コントロール不能な要因が含まれていることを

認めた上で，Bonk and Ockey は次のような考え方を示している。それは，このような対話者の変数は，我々が測定したいと考えている，まさしく「能力」なのではないかということである。具体的には，各々の受験者の年齢・性別・文化的背景・母語のアクセント・第二言語の言語レベルなどはコミュニケーション能力の肝要な要素だと考えられるし，インタラクション能力の構成要素であると定義できるからだという考えである。

Taylor and Wigglesworth(2009)は，学習という点においても，評価という点においても，複数話者によるインタラクションには明らかな長所があると主張している。それは，学習という点からみた場合，学習者は，言語能力の受容と産出の双方において，積極的に使用する機会を与えられるからである。そこには，他の学習者からフィードバックを受けたり，自分から与えたりする機会も含まれる。一方，評価者による評価という点においては，ペアやグループによるインタラクションにおいて，他の話者と一緒の学習者を評価するということは，これまでの伝統的なテスト形式では通常得ることのできない，やり取りのスキルをみる機会があると考えるべきだと Taylor and Wigglesworth は主張している。また，Nakatsuhara(2013)や Van Moere(2007)は，対話型の評価は受験者の豊かな言語機能（language function）を導き出すことができることから，コミュニケーション能力の評価に関して有効だと述べている。このような，人間のコミュニケーションの根幹ともいうべき，インタラクションの力を無視している方が，言語能力測定という観点からは，むしろ問題であるといえるのではないだろうか。

このように，複数話者によるインタラクションには妥当性や信頼性（4.1 参照）を損なうと思われるような短所があることを承知の上で，それでも，より現実に近い英語使用という面から考えれば，インタラクションを言語能力の測

定場面から排除すべきではないであろう。

　以下ではインタラクションの長所に関連した研究を紹介する。

2.3 インタラクションの長所に関連した先行研究

2.3.1 評価への専念

　インタラクションの長所の1点目として，評価者が評価に専念できるという
点が挙げられる。教育機関において，教員が生徒や学生のスピーキング能力を
測定しようとした場合，最初に浮かぶのは面接形式であろうか。そうであった
場合，教員は対象とする生徒や学生の数だけ面接をするということになる。仮
に一人2分だとしても，40名の面接をしようとすれば80分，2単位時間を取ら
なければならない。その間，英語教員は面接にかかり切りにならざるを得ない。
なぜならば，教員は面接者と評価者という2つの役割を担わざるを得ないため
である。面接で対話をコントロールし，かつ評価をするのは容易なことではな
い。本来であれば，面接者は目標とする言語を引き出すためのしっかりとした
訓練を受けなければならないが，それは，グループ・インタラクションを評価
する評価者訓練よりも難しいことであろう。また，面接の場合，他の生徒・学
生に何をさせておくか，ということも大きな課題である。一方，インタラクショ
ンの場合，次節2.3.2のように，クラスの生徒や学生をインタラクションを聞
く側においたり，相互評価をさせたりすることもできる。

2.3.2 話者同士の相互評価

　2点目として，生徒や学生同士を相互評価に組み入れやすいということが挙
げられる。通常の面接において，教員は別室で面接者と評価者の二役をこなし
ていることから，他の生徒・学生をみる余裕がない。一方，グループ・インタ

ラクションでは，クラス全体でお互いのインタラクション内容を聞くという場を設定することが可能である。教員が同じ質問を繰り返す面接の場合，聞いている側は飽きてしまうであろう。インタラクションでは，話の内容が様々な方向に進むことから，聞いていて面白いと感じるという生徒・学生の声を聞く。その結果，生徒や学生も相互評価に積極的に取り組むし，教員も評価をしつつ，評価対象の生徒・学生のみならず，全体に目を向けることができる。

2.3.3 人材および時間の節約

3点目として，人材と時間が節約でき，結果的にコストも削減できる（Bonk & Ockey, 2003; Ockey, 2009; Van Moere, 2006）という点がある。スピーキング評価には時間がかかるが，複数人をお互いに話させることで効率よく採点ができる（Folland & Robertson, 1976; Luoma, 2004; Ockey, 2009）。

2.3.4 教室活動および波及効果

4点目として，英語によるインタラクションはよりコミュニカティブであり，スピーキングに特化した指導や学習において，教室活動を反映し（Taylor, 2000），波及効果をもたらす（Egyud & Glover, 2001; Saville & Hargreaves, 1999; Taylor, 2001）といわれている点が挙げられる。つまり，教室においてスピーキング活動を協働的に行うことは，学習者の口頭能力を発達させるという波及効果をもたらすということである。グループによるインタラクションの含まれる試験を受ける生徒・学生がいる場合，その準備のため，教員がグループによるコミュニカティブな活動をしようとする，という報告もある（Nevo & Shohamy, 1984; Ockey, 2009）。その結果，授業において小グループによるインタラクション評価をすることになる（Fulcher, 1996; Van Moere, 2006）。

学習というものが，教室においてグループでの協働作業や協力の結果起きるものであると考えれば，教員は，生徒や学生を評価する時には，同じような状況を反映させる必要がある，と Webb(1995)はいう。さらに，Davis(2009)は，これらの点を鑑み，口頭のコミュニケーション・タスクと教室活動は，教育という文脈に合うのではないだろうかと述べている。

　つまり，インタラクション活動を教室に取り入れることが良い波及効果をもたらし，生徒・学生のインタラクション能力が向上し，まとめとしての評価を行う，という一連の流れが生まれるのである。そして，それは，Bachman and Palmer(1996)によれば，得点と現実の言語使用の状況を結びつけるもので，スコアを解釈する際の最も重要な部分であるという。

2.3.5 真正性 (authenticity) の向上

　5点目として，口頭でのインタラクションによって，話者は豊かな談話の中で様々なインタラクション・パターンや言語機能を示すことができることから，インタラクションの真正性（authenticity）が高まる（ffrench, 2003; He & Dai, 2006; Kormos, 1999; Lazaraton, 2002; Saville & Hargreaves, 1999; Skehan, 2001; Taylor, 2000, 2001）といえる。グループによるインタラクションは，100% 現実のインタラクションではないにせよ，面接やモノローグ（一人語り）に比較すれば，かなり現実的なインタラクションである。そのような活動をする中で，話者は，やり取りや会話を管理する機能を使用し，自分の口頭能力やインタラクション能力を示すことができる（Fulcher, 1996; Galaczi, 2004; Taylor, 2001）。また，試験課題の真正性が高まれば，得点の解釈もより信頼性が高まることにもなるといわれている。Ockey(2009)はその理由として，

話者がやり取りをすることにより言語機能の1つである「意味の交渉[1]」が起き，その結果，より複雑で協働的なインタラクションに結びついていくからであると述べている。

2.3.6 平等性による能力の発揮

　6点目の長所として挙げられることは，インタラクション活動が，面接形式でみられる非対称な力関係を平等なものにすることができるという点である（Egyud & Glover, 2001；Iwashita, 1996；Lazaraton, 2002；Skehan, 2001；Taylor, 2001； van Lier, 1989；Young & Milanovic, 1992）。従って，面接者と対面しなければならない1対1の面接に比べ，受験者が緊張したり，恐怖心を感じたりすることが避けられる（Nakatsuhara, 2013）。また，話者同士を平等なポジションに置くことによって，面接の時とは異なる状況が創り出され，より現実的なやり取りが行われるという報告もある（Luoma, 2004）。受験者は，質問に答えるだけの被面接者としてよりも，インタラクションで能力を発揮する機会を得ることができるし（Ducasse & Brown, 2009），より幅広い言語機能や役割を発揮でき（Skehan, 2001），会話管理能力を示すことも可能である（Galaczi, 2008）。そのためか，学習者は面接や一人語りよりも，ペアによるテストの方がより高い得点を取ることが出来ていたという報告もある（Brooks, 2009）。また，Bonk and Ockey(2003)によれば，受験者同士のインタラクションは，試験中に受験者が自分たちで話を始めたり，会話をコントロールしたりするという機会を与えられることから，妥当性を上げることができるという。

　Taylor(2000)はケンブリッジ英検の最上レベルである CPE テスト（現在の Cambridge English: C2 Proficiency）において，面接とペアのインタラクショ

---

[1]　意味の交渉については，3.2.2の言語機能の5を参照

ン・データを分析した。その結果，ペアの方がより多くの言語を産出し，また，話者交替（交互に話すこと。ターン・テイキングやターンということもある）も多かったと報告している。Brooks(2009)も同様に，面接とペアのテストの点数と話の内容を比較している。その結果，面接での個別のテスト得点と，ペアで話したときの個別のテスト得点との間に統計的有意差がみられたこと，ペアで話した方が高得点であったことを報告している。Taylor および Brooks の研究からいえることは，被面接者としての個人よりも平等な立場でのインタラクションの方が，より広範囲なスピーキングの特徴を引き出し，結果的に受験者の能力を引き出すことができるということではないだろうか。

　面接だと，どうしても非対称的で一方的な会話になるのは，被面接者から面接者に質問をすることがないからである。しかし，インタラクションにおいては，インタラクションに特有の会話的特徴，つまり，相手に情報を求めたり，相手の言葉を言い換えたり，相手の考えを参照したりしながら協働して話を作り上げたり，分からなければ意味の明確化を要求したりするなどの，相互にバランスの取れたやり取りをする様子がみられる。Brooks(2009)の研究では，面接者との試験よりも学習者同士のインタラクションの方が，インタラクションがより複雑で，言語的により負荷のかかる協働が行われていたという。その結果，より多くのやり取り，意味の交渉，相手への配慮やより複雑な言語産出がみられたと報告している。これらの研究から，面接よりもインタラクションの方が，様々な点において受験者の能力を引き出すことができているといえるのではないだろうか。

2.3.7 話者による肯定的な反応
　7点目の長所は，話者がグループによるインタラクション活動に肯定的な反

応を示しているということである。Egyud and Glover(2001)は，特に，中学生は面接形式よりもインタラクション形式の方を好むという報告をしている。生徒たちにとって，このような他の対話者とのディスカッションは，面と向かっての面接に比べて答えを強要されたりすることが少ないため，よりリラックスできるからであろうと考えられている(Folland & Robertson, 1976)。それは，自分たちが会話をコントロールできて，より自然な言語を使用することが許されているからであると考えられる（Egyud & Glover, 2001; Fulcher, 1996; Shohamy, Reves, & Bejarano, 1986;Van Moere, 2006)。Fulcher(1996)が行った質問紙調査の結果，スピーキング・テストを受ける受験者は，面接よりもグループ・インタラクションをより妥当性が高いと感じており，それは，グループ・インタラクションの談話の方がより自然だという理由からであるという。Van Moere(2006)も，受験者がグループ・インタラクションのようなテスト形式に好意的な反応を示していると報告している。

　以上のように，インタラクションにはその欠点を補って余りある長所が存在する。短所にのみ目を向けるのではなく，その長所の一つでも活用するつもりで，教室内でのインタラクション活動実施と評価に一歩踏み出してはどうであろうか。

3 インタラクションの特徴

　ここでは，実際にインタラクションを評価した場合，どのような特徴がインタラクション能力の高さを示すかについて，量的な側面と質的な側面から分析した研究，Negishi(2011)，から3名のグループ・インタラクションの特徴の一部をみていきたい。3.1 では主に量的特徴を，3.2では質的特徴について述べる。当該研究では，3名から成る45グループ，計135名（中学生45名，高校生45名,大学生45名）の英語インタラクション能力を様々な観点から測定した。まず，日本人評価者が「ヨーロッパ言語共通参照枠（CEFR: Council of Europe, 2001; 5.1参照)」のグループ用評価基準を用いて7段階評価（A1, A2, B1, B2, C1, C2に A1以下を追加したもの）をした後，多相ラッシュ分析により信頼性があると判断された評価者10名の出した得点を使用して分析を行った。参加者の談話および得点を，CEFR の「共通参照レベル：話し言葉の質的側面」の5つの下位評価基準— 範囲（range），正確さ（accuracy），流暢さ（fluency），インタラクション（interaction），一貫性（coherence)— について82項目[2] の細目を質的・量的な側面から分析し，日本人学習者の英語インタラクション能力の発達に関する特性を導き出すとともに，評価との相関関係について解析した。

2　ここでの82項目とは，3.1から3.2にかけて述べているような，語彙数やポーズ，発話率，インタラクション・パターンなど，個々の分析項目を指す。

3.1 量的特徴

3.1.1 CEFR における範囲 (range) に関連する特徴：語彙の豊富さおよび統語的複雑さ

　まず，範囲 (range) に関連すると思われる，量的特徴を示す「語彙の豊富さ」と「統語的な複雑さ」についてみてみたい。「語彙の豊富さ」に関しては，大学英語教育学会作成の基本8000語のリスト（JACET, 2003）に従い分析を実施した。その結果，全体的には基本的な1000語が数多く使用されていたものの，学年が上がるほど，語彙数・語彙の種類・上級レベルの語彙が増えていくことが明らかになった。語彙数と語彙の種類に関しては，種類の多さの方が得点とより強い相関を示していた。語彙の多様性を表す Guiraud index という指標も評価と強い相関を示していた。評価者は，下位レベルの話者に対しては，語彙数や語彙の種類に応じて評価を与える傾向があったものの，上位レベルの話者に対しては，語彙数や語彙の種類だけでなく，語彙のレベルや話の内容に関して質的に高い要求をしていることが推測された。Formulaic sequences（連語など）に関しては，中学生は教科書に載っている表現に対する依存度が高く，大学生になるほど，英語母語話者の使用するような一連の語句が多くなることが明らかになった。また，本研究への参加者である中高大生は，"how about ～ "や "me too"のように汎用性の高い決まり文句を英語母語話者の数百倍の頻度で使用していた一方，母語話者が多用する，"I mean" や "have to" は，母語話者の1～2割程度しか使用していなかった。Formulaic sequences の分析には，英国の言語データベースである British National Corpus（BNC）の会話のみを取り出した BNC Baby を使用した。

　「統語的な複雑さ」の指標としては，Biber, Johansson, Leech, Conrad, and

Finegan(1999)の C-unit を採用した。C-unit を使用した理由は、動詞を含む文である clausal unit（T-unit と同様）の他に、この研究の参加者が多用している、動詞を含まないセグメント（例えば、"Really?" や "That fish in the ocean"）を non-clausal unit としてカウントすることができるためであった（C-unit = clausal unit + non-clausal unit）。その結果、ユニット数・ユニット当たりの単語数共、上級レベルになるほど上昇するなどの傾向が認められた。また、clausal unit 当たりの節の数から、中学生はほとんどの clausal unit が単文から成っていること、学年が上がるほど複文や重文が増加していくことが観察できた。

　全体的にみて、「統語的複雑さ」よりも「語彙の豊富さ」の方が、得点との相関が強く、語彙の種類、語彙の多様性を示す Guiraud index、C-unit 当たりの単語数との間に強い関連性が認められた。

3.1.2 CEFR における正確さ（accuracy）に関連する特徴：エラー

　正確さとは、Skehan and Foster(1999)によれば、「エラーを避ける能力」だという。特定の文法の使用が必ずしも正確さを表すとは限らない、との報告(Ellis & Barkhuizen, 2005) があることから、Negishi(2011)ではエラー分析を実施した。事前に英語母語話者がエラーを訂正したものに、日本人英語話者の会話に特化したエラー・タグ（和泉・内元・井佐原、2004）を付与し、12種類のエラーをそれぞれ語彙選択・脱落・余剰エラーに分けて傾向をみた。さらに、100語あたりのエラー数についても分析を実施した。100語あたりのエラー数は高校生がやや多かったものの、中高大による大きな差はみうけられなかった。エラーの種類別で最も多かったのが動詞のエラーで約28%、以下、名詞17%、冠詞13%、代名詞10%、前置詞9% の順であった。動詞に関するエラーで最も多かったのは語彙選択エラーで、be 動詞の間違い等（"are" とすべきところを "is" とする

26

など）が多数観察された。脱落エラー（"What's your brother's name?" とすべきところを "*What your brother name?" とするなど）は学年が上になるほど数が減った一方，余剰エラー（"I belong to…" とすべきところを "I'm belong to…" とするなど）は逆に増える傾向があった。名詞のエラーでは脱落が最も多く，複数形の -s を忘れる間違いなどが数多くみられた。高校生は脱落・余剰が多い代わりに語彙選択エラーが少なかった。3番目に多い冠詞のエラーはほとんどが脱落で，余剰・語彙選択エラーはほとんどみられなかった。また，定冠詞と不定冠詞のエラーについて更に分析を進めた結果，不定冠詞の脱落の方が定冠詞の脱落よりも多いこと，高校生のエラー数が多いのは，定冠詞の脱落の多さからきていることなどが判明した。代名詞のエラーは，圧倒的に中学生によるものが多かった。前置詞では脱落によるエラーが最も多く観察された。

　しかしながら，これらのエラーと CEFR に基づく得点との相関は弱く，指標となりそうな項目をみつけることはできなかった。また，各エラー分析の他に実施した，全エラー中の自己訂正の割合が最も得点との関連性が強かったが，それでも，相関係数は 0.209，$p < .01$であり，エラー分析による「正確さ（accuracy）」は5つの下位評価項目中，最も弱い相関関係を示した。正確さを表す可能性のある他の項目についても更なる分析が必要であると思われた。

　全体的にみて，英語熟達度が増すほど，動詞や代名詞の脱落が減る傾向にあったが，英語力の発達の指標となるべき明確な項目はみうけられなかった。初学者の代名詞エラー数が多かったのは，まだ，代名詞の概念が十分に理解されていないためではないかと思われ，通常の授業の中での根気強い練習の必要性をうかがわせた。余剰エラーは，英語力が上がるほど増えている（前置詞を除く）ことから，ある程度の知識がないと余剰エラーは起こりにくいものであると思われた。

3.1.3 CEFR における流暢さ（fluency）に関連する特徴：時間および
ためらい

　流暢さ（fluency）は母語話者と非母語話者を判別する際の主因子であると
もいわれており（Riggenbach, 1991; Schmidt, 2000），重要性は高い。流暢さ
には狭義のものから広義のものまで様々な定義があるが，Negishi(2011)では，
「時間に関する項目」および「ためらいに関する項目」の2種類の観点から分
析を実施した。

　「時間に関する項目」では，流暢さの指標であるといわれることの多い，発
話率（speech rate: シラブル数／分），連続発話長（mean length of runs: 発話
の長さの平均のことで，一定の長さ（ここでは0.25秒）以上の沈黙と沈黙の間
に発せられた平均シラブル数），ポーズ（一定の長さ（ここでは0.25秒）以上
の沈黙）の数等は，参加者の対話力の熟達度との関連性は弱いことが判明した。
これらの点では過去の研究と異なる結果が出ているが，それは，従来の研究で
は，これらの項目が母語話者と非母語話者を判別するための指標とされている
のに対し，この研究では，第二言語学習者間で分析を行っているためであると
思われた。一方，ポーズの平均長，ポーズ時間を含めた全会話時間，全シラブ
ル数，全単語数が中高大の差を明らかにした。特に，シラブル数は，流暢さの
得点との相関係数が 0.772と非常に高い数値を示した。

　ポーズの分析からは，学年が上がるほどポーズが短くなったものの，大学生
であっても，ポーズやためらい自体が数多くあることが判明した。ポーズをす
る位置については，中学生が単語毎や節の中でもポーズを入れる傾向がみられ
た反面，高校生・大学生は，節や文の切れ目でポーズを入れる傾向が認められ
た。しかし，強い相関はみられなかった。

「ためらいに関する項目」では，中学生が言葉を思いつかない時に，母語である日本語を使用する傾向がみられた他には，熟達度に関連する項目は認められなかった。また，CEFR の記述文にあった，遠回し表現（circumlocution）や言い換え（paraphrase）の例は，参加者の会話中にはほとんどみられず，このような方略を身に付けさせるようにすることも必要ではないかと思われた。

3.2 質的特徴

　スピーキングの特徴を捉えようとする研究では，一般的に，認知的あるいは方略的な特徴，つまり流暢さ，正確さ，複雑さ，話者交替などに焦点を当てたものが多かった（Swain, 2001）。しかしながら，近年，第二言語習得における社会文化的な側面に目を向ける研究者が増加している。インタラクション能力の提唱者の一人である Deville（2003）は，「言語使用の状況は，基本的に社会における出来事で，能力や言語の使用者，そして文脈が密接に結びついたものである」（p. 373）と述べている。このような流れを，認知的視点からインタラクションの社会的観点へのシフトであると考えている研究者（Brooks, 2009）もいる。その結果，以前からの量的分析のみでなく，質的分析あるいは両方を取り混ぜた分析手法の研究が増えている。そうすることによって，量的分析のみでは為し得なかった妥当性検証を追求することができると考えられる。社会言語学的観点による質的分析によると，ペアのインタラクションでは，インタビューと比較してより複雑で協働構築的な会話が行われ，インタラクションや意味の交渉も増えるという報告もある。

　3.2.1では，会話分析（Conversation Analysis: CA）の手法を用いて，第二言語による談話を分析している Storch（2002）と Galaczi（2004, 2008）のインタラクション・パターンを紹介する。

3.2.1 インタラクション・パターン

　まず，Storch(2002)は，ペア・インタラクションにおける図1のような4つの役割のインタラクション・パターンを提案した。それは，（1）協働的，（2）支配的／支配的，（3）支配的／受身的，（4）熟達者的／初心者的，の4パターンである。これは，元々はDamon and Phelps(1989)が名付けた2つの軸である「平等性（タスクに対する統制力と影響力の度合）」と「相互性（双方の発言への参加の程度）」に依ったものである（Storch, 2002, p. 127）。理想型は（1）の協働的なインタラクションであり，Storchによれば，メンバー同士が目的を共有して，その活動をお互いが価値のあるものだとみいだせれば協働が起きるのだという。そして，協働が起きることにより話者は熟考することになり，双方からの提案，説明やフィードバックが増え，そうでないパターンのものに比較して，言語習得を促進する可能性が高いとしている。

図1　Model of dyadic interaction（Storch, 2002, p. 128）

　一方，Galaczi（2004, 2008）は，ケンブリッジ英検のFirst Certificate of

English speaking test（FCE）の受験者の談話を分析するために，上述の Storch(2002)によるインタラクション・モデルを取り入れた上で，別のインタラクション・パターンを提案している。それによると，(a) 協働的，(b) 並行的，(c) 非対照的，そしてそれらの (d) 混合型の4つのパターンがあるという。

　1つ目の (a) 協働的なインタラクションにおいては，対話者が高い相互性と平等性を示しながら，話し手と聞き手として順序良く話を交替していて，自分や相手が始めた話題を協働的に発展させていくという形式である。このパターンで最も特徴的なのは，一人の話者が他の話者の考えをお互いに発展させていくという "topic extension moves"（Galaczi, 2008, p. 98）がみられるということである。その結果，話者交替は短く，頻繁で，質問をしたり，間の沈黙を避けることから会話が重なったり，あいづちが多くなったりするという。Galaczi によれば，FCE テスト受験者の約30% はこのパターンで，最も良いインタラクティブ・コミュニケーション（Interactive Communication: IC）を示したことから，得点が最も高かったという。2つ目の(b) 並行的インタラクションにおいては，2人の話者がトピックを平等に開始して発展させていく（高い平等性有り）が，相手の話にはあまり関与しない（低い相互性）。これは，その話者が自分の話を発展させることに夢中で，上記の topic extension moves が稀であることによる。つまり，話者は聞き手の役割よりは話し手の役割に集中していて，お互いにサポートする姿勢をみせないということで，このパターンも約30％いたという。FCE のテストにおいては，このパターンの得点が最も低かったという。3つ目の (c) 非対照的インタラクションにおいては，一人が支配的で一人が受身的になることから，片方が会話をリードしていくこととなる。これは，Storch(2002)の（3）支配的／受身的パターンと同じで，

FCE 受験者の約10%にみられたという。4つ目の（d）混合型インタラクションでは，上記のうちの2つのパターンが混ざったもので，(a) 協働的と (b) 並行的の混合型が23%，(a) 協働的と (c) 非対照的の混合型が7％で，計30％だったという。Galaczi(2008)の会話分析によれば，上述の topic extension moves，フォローするような質問，トピックを発展させていく動きが，FCEのインタラクティブ・コミュニケーションの得点と関連性が高かったという。

　FCE に含まれている，このようなインタラクティブ・コミュニケーションからの視点がこれまでの評価基準にはほとんど含まれていなかったという指摘がある。つまり，これまでは，語彙の豊富さや流暢さなどの，数値に表しやすい量的な面でのみ評価されがちで，協働的なインタラクションをしている受験者が正当に評価されていないということが起きている可能性があるということである。Nakatsuhara(2013)もこのようなインタラクション能力を正当に評価すべきであると述べており，May, Nakatsuhara, Lam, and Galaczi(2020)では，学習者のインタラクション能力評価をサポートするような基準を開発し，学習に寄与できるフィードバックを与えられるようなプロジェクトについて報告している。その報告書の中で，彼らは「対面でのコミュニケーションの鍵となるインタラクション能力は，第二言語や外国語としての言語の教授・学習・評価という点において，十分な調査研究が行われていない」(p. 165) と述べている。

3.2.2 CEFR におけるインタラクション（interaction）に関連する特徴

　Negishi(2011)では，Galaczi（2004, 2008）を基本として，上述の中高大生の3名グループ，45組135名の参加者の談話についてインタラクション・パターンを探求した。しかし，参加者が Galaczi の FCE 受験者のように上級英語学習者ではなかったため，上記の4パターンの何れにも当てはまらない，未発達

なインタラクションが38%ほどみられた。そこでは，参加者同士の相互性は高いものの，与えられたトピックについて話を広げていくことができず，その結果，得点が低くなっていた。また，評価者が参加者に与えたインタラクションに関する得点についてみてみると，個人よりもグループに対して評価する傾向があると思われた。つまり，他の項目（正確さや流暢さなど）に比べ，同じグループのメンバーに同等の点数を与える確率がやや高くなっていた。従って，May（2009）が提案しているように（4.5参照），グループに同一の点数を付与する案も可能であると思われるが，受験者の不利にならぬよう，更なる研究，および他のテスト形式と組み合わせた場合に限るなどの配慮が必要であると思われる。

　He and Dai（2006）は中国の大学英語試験委員会（the National College English Testing Committee）が実施した，大学英語試験のスピーキング・テスト（the College English Test–Spoken English Test（CET–SET））を受験した中国人英語学習者3名ずつ，60グループの談話内容を分析した。分析内容は，主に質的な特徴の1つである，インタラクションの言語機能（language function）であった。具体的には，対話者の話に異議を申し立てる，支持する，修正する，説得する，発展させる，意味の交渉をする，などであった。ただ，「試験」であることから，受験者はグループ内の対話者の話を十分に聞かず，対話者が話している間に自分が話そうとする内容を考え，傍らで聞いている試験官に向かって話す傾向が強かったという。そのため，He and Dai は，インタラクションの言語機能の使用はあまり観察されなかったと報告している。

　Negishi（2011）では，He and Dai（2006）および Brooks（2009）を参考にし，初心者から中級レベルの日本人英語学習者用に言語機能を見直し，以下の項目について分析を実施した。

1 情報や意見を求める

2 同意したり支持したりする

3 不同意したり異議を唱える，説得する

4 修正する，発展させる

5 意味の交渉（①意味の明確化を求める，②意味を明確化する，③理解しているか確認する，④助けを求める，⑤求めに応じて助ける，⑥訂正あるいは提案をする，⑦訂正あるいは提案を受け入れる）をする

　その結果，大学生の方がトピックを発展させたり，意味の交渉を行ったりすることができていた。また，英語熟達度の低い話者の方が，自分から発話するのではなく相手から話を振られている様子がうかがえたものの，何れにおいても統計的な有意差は認められなかった。ただ，相手がイニシアティブを取った会話であっても，協働的に会話を作り上げていくことができれば，必ずしもインタラクション能力が劣っていると考える必要はないと思われた。一方で，インタラクションの機能と得点との間に，相関の強い項目はみあたらなかった。

　2.1.3で紹介したNegishi（2015a）においては，語彙の豊富さや流暢さといった量的分析とインタラクション能力をみる質的分析の両方を実施しているが，CEFRに基づいた得点は単語数やシラブル数といった量的項目との相関が強く，意味の交渉などのインタラクション能力を示す質的項目とは相関が弱かった。しかしながら，人数の異なるテスト形式を比較してみると，単独→ペア→グループの順で得点との相関が下がっていることから，グループになると量的項目以外，つまり，インタラクション能力の要素が入ってくる可能性も否定できない。このことに関しては，今後の研究が必要であろう。例えば，Ducasse and Brown（2009）のいう，個人間の非言語コミュニケーション，お互いに聞き

合う，といった interactional management（対話管理）力なども研究対象となるかもしれない。

3.2.3 CEFR における一貫性（coherence）に関連する特徴：一貫性および結束性

Negishi(2011)では，質的分析の一つとして，CEFR の一貫性（coherence）について分析した。Swain(1984)は一貫性や結束性（cohesion）と談話能力とを結び付け，談話能力は異なるジャンルにおいて文法的形式（結束性）と意味（一貫性）をどのように結び付けてまとまりのある話にしていくかを習得することである，と述べている。また，IELTS(2009)では，論理的な文の流れが一貫性における鍵となるものであることから，ディスカッションなどにおいて文と文の間で結束性装置（cohesive devices）[3] の使用が鍵となると述べている。

Negishi(2011)では，Halliday and Hasan(1976)のいう5つの「結束性装置（cohesive devices）」，話者交替毎の一貫性をみる「トピック発展への動き（topic development moves）」，そして，下位トピックの移り変わりにおける一貫性をみる「下位トピックの一貫性（coherence of subordinate topics）」の3点について分析した。

その結果，「結束性装置」に関しては，上級者ほど「指示（reference）」を

---

[3] Halliday and Hasan（1976）のいう結束性装置とは，以下の5つから成る。①指示（he/him などの代名詞，this/these などの指示詞，same/different などの比較語がある），②代用（one/ones などの名詞の代用，do/be などの動詞の代用，so/not などの節の代用がある），③省略（前の文にある語を省略するもので，名詞句の省略，動詞句の省略，節の省略がある），④接続（and/that is などの付加，yet/instead などの反意，so/for などの因果的，then/next などの時間的な接続などがある），⑤語彙的結束性（同一語，同意語などの語彙の選択によって結束性の効果が得られるものがある）。

使用すること，初級者ほど「省略（ellipsis）」が多いことが分かった。全体として最も多く使用されていたものが「語彙の結束性装置（lexical cohesive devices）」で，最も使用頻度の低かったものは「代用（substitution）」であった。得点と最も相関が強かったのは「接続詞（conjunction）」の使用であったものの，接続詞の多用が必ずしも高評価に結びついているとはいえなかった。全体的にみて，結束性装置を多用すること自体が高評価には結びつかないものの，ほとんど使用しない話者は，得点が低い傾向がみられた。

　2つ目の「トピック発展への動き」に関しては，トピックを発展させていこうとする手法が最も多く観察された（以下の抜粋における→ 部分）一方，相手に対する質問や，相手の発言に対する応答もよくみられた。質問形式が多くみられたのは，グループ・インタラクションという形式によるところが大きいと考えられる。大学生になると円滑な話者交替が行われていたが，中学生はいきなり話題を変更するなど頻繁な話者交替がみられた。しかしながら，何れも，得点との間に統計的な有意差は確認されなかった。以下の抜粋において，Mが柔道について話を始めたことに対し，Rがターン19で「柔道は素晴らしい日本のスポーツだから」と述べたり，ターン21で「柔道がとても面白いと思う」というなど，柔道の話を発展させている。さらに，ターン27では「柔道が日本で最も有名なスポーツだと思うし，とても楽しい」などと，質問や相手に反応をしながら話を発展させている様子がうかがえる。

抜粋（中学生）

18	*M:*	Why do you join, ah, why did you join, mmm, *judo* club?
19	→ *R:*	Ah, *judo* is great Japanese sports.
20	*M:*	Oh, how about you, T****** <<*L*'s name>>.

21	→ L:	Uh, I, I think it is very interesting.
22	M:	So, <<Japanese words>>.
23	R:	Really?
24	L:	Oh, yes.
25	R:	OK.
26	R:	How about you. <<falling intonation>>
27	→ M:	Mmm I think it is one of the most famous sport in Japan. And it's very fun.

　最後の「下位トピックの一貫性」については，初級者は急にトピックを変える傾向がみうけられたが，上級者になるほど，現在のトピックを終了させたり，他の話者に話を渡したり，他のメンバーにトピックの変更を知らせたりするなどの方略を上手に使っていた。この能力は英語力のみならず，社会性に関する成長も関係しているようにみうけられた。また，この項目もインタラクション3.2.2同様，個人としてではなく，グループ全体の点数を考慮したところ，得点と強い相関を示すことが判明した。

　3.1では主に量的特徴を，3.2では主に質的特徴をみてきた。量的特徴である「範囲」「正確さ」「流暢さ」では，評価者は個人に対して評価していると思われた一方，質的特徴である「インタラクション」や「一貫性」においては，評価者は個人よりもグループに対して評価をする傾向がみられた。

4 インタラクション評価

　ここでは，実際にインタラクション評価を学校内／教室内テストの一環として実施する際に考慮したいことについて述べる。

4.1 スピーキング試験における妥当性と信頼性

　スピーキング試験における妥当性・信頼性を考える際には，大規模テストと教室の評価を分けて考える必要がある。大規模テストでのテスト妥当性検討で中心となるのは，テストスコアの解釈の仕方やその解釈・使用の結果（インパクト・波及効果）が，目的に合致しているかどうかを検討することである（Messick, 1995）。これはテスト自体というより，そのスコアの解釈と利用目的といった，利用者やコンテクストによって変わる可能性の高いものだ。つまり，この妥当性は「ある」・「ない」ではなく，ある解釈や利用方法がどの程度支持される，あるいは支持されないという議論をして検討することである（Kane, 2006）。そして結果は当然，受験者や社会の利益になることが望ましく，それが本質である（Kunnan, 2014）。

　妥当性検討では，そのテストが測りたい能力（本稿の場合インタラクション能力）を十分に測定しているかどうかという点（内容的妥当性・構成概念妥当性）も考える必要がある。内容的妥当性では，使われるトピック自体の内容や一般的な受験者の学習レベルに対応したトピック難易度などの点が問われる。例えば，対象とする受験者が中学生の場合，ビジネスや死刑制度などのトピックは適切ではないだろう。

　また，構成概念妥当性では，その測定目標とする力をどのようなタスク（本質的要素 substantive）を通して表出させるか，という点も大きな検討事項で

ある。例えば，英語によるディスカッション能力を測定したいのに，与えられたトピックについての議論を紙に書かせて評価したり，スピーチをさせて評価したりするのでは，ディスカッション能力を測定しているとはいいがたい。目標言語でのコミュニケーション力を測定するには，面接よりも学習者同士のインタラクションの方が適切である（Bachman & Palmer, 1996）。これは，インタラクションでの談話構造・使用される言葉などはインタラクションでない場合（書くこと，モノローグ，面接）のものとは異なるからである（Johnson, 2001）。パフォーマンス自体が異なるのだから，当然，評価する観点も異なってくる。そのほかにも，大規模テストでは妥当性検討に必要な検討事項はあるが，小泉（2018）などを参照されたい。

　信頼性では受験者のスコアの一貫性（同様の結果が出るかどうか）が問われる。パフォーマンス・テストでは，同一の受験者に対し，異なる評価者が評価した場合でも同様の結果が得られるか（評価者間信頼性：inter-rater reliability），という点は重要である。特に，グループ・インタラクションの評価は面接形式に比べると，一般的に評価者間の一致度が低い（Van Moere, 2006）とされている。また同一の評価者がある受験者を複数回評価した場合でも，同様の結果が得られるか（評価者内信頼性：intra-rater reliability），という点も重要である。インタラクションだけでなく，一般的にスピーキング能力を評価する際は，評価者の主観や他の要因が影響し，信頼性を保つのが難しい。信頼性の向上には，適切な評価基準の検討，訓練による評価者の評価能力向上をさせることが大規模テストでは重要となってくる。ほかにもトピックによって極端に同一話者のスコアが違う場合などは，トピック，評価者，話者のいずれかに問題があり，信頼性が下がるということになる。あるいは，トピックが一つや二つでは，得意・不得意による影響が大きくスコアに反映

される可能性もある。つまり，パフォーマンス・テストでは，トピックや設問数などの影響も大きく信頼性に影響を与えるのである。紙のテストではもちろん，設問数やトピックを増やすことでこの問題を緩和することができる。パフォーマンス・テストでも複数のトピックにおいて実行することが，信頼性の維持には望ましい。

（本節4.1は齋藤英敏氏による）

4.2 評価基準

評価をする際に使用する評価基準には，全体の印象で評価する「全体的評価基準（holistic rating scale）」と項目ごとに評価する「分析的評価基準（analytical rating scale）」がある。参考までに，表1に，CEFR（2001年版[4]，5.1参照）の全体的評価基準を示す。

日本言語テスト学会(2016)によれば，全体的評価基準を使用する利点は，評価項目が1つであるため評価に時間がかからないことから実用性が高く，受験者のパフォーマンス全体に反応が向くため妥当性が高いことである。一方，フィードバックの情報が不足する，得点の解釈が難しい，表面的な印象（発話量や発音）に影響を受けやすいという短所が考えられるという。一方，分析的評価基準を利用すると，フィードバックを与えやすい，信頼性が高いという長所がある代わりに，評価に時間がかかるという欠点がみえてくる。

しかしながら，今後，ディスカッションやスピーチなどのパフォーマンスを評価するという機会は増加してくると思われる。これまでのリスニング・テストを含む筆記試験中心のテストと比較すると，パフォーマンス評価は時間や手

---

[4] 2020年に補足版であるCEFR Companion Volume（CV）が出されたが，2020年から順次施行された学習指導要領では2001年版の域を出ていないため，こちらを表示している。

間がかかり，教員の負担も大きいが，避けては通れない環境になってきている現在，取り組む価値は大きいのではないだろうか。

表1

CEFR共通参照レベル：全体的な尺度（Council of Europe, 2001）

熟達した言語使用者	C2	聞いたり，読んだりしたほぼ全てのものを容易に理解することができる。いろいろな話し言葉や書き言葉から得た情報をまとめ，根拠も論点も一貫した方法で再構成できる。自然に，流暢かつ正確に自己表現ができ，非常に複雑な状況でも細かい意味の違い，区別を表現できる。
	C1	いろいろな種類の高度な内容のかなり長いテクストを理解することができ，含意を把握できる。言葉を探しているという印象を与えずに，流暢に，また自然に自己表現ができる。社会的，学問的，職業上の目的に応じた，柔軟な，しかも効果的な言葉遣いができる。複雑な話題について明確で，しっかりとした構成の，詳細なテクストを作ることができる。その際テクストを構成する字句や接続表現，結束表現の用法をマスターしていることがうかがえる。
自立した言語使用者	B2	自分の専門分野の技術的な議論も含めて，抽象的かつ具体的な話題の複雑なテクストの主要な内容を理解できる。お互いに緊張しないで母語話者とやり取りができるくらい流暢かつ自然である。かなり広汎な範囲の話題について，明確で詳細なテクストを作ることができ，さまざまな選択肢について長所や短所を示しながら自己の視点を説明できる。
	B1	仕事，学校，娯楽で普段出会うような身近な話題について，標準的な話し方であれば主要点を理解できる。その言葉が話されている地域を旅行しているときに起こりそうな，たいていの事態に対処することができる。身近で個人的にも関心のある話題について，単純な方法で結びつけられた，脈絡のあるテクストを作ることができる。経験，出来事，夢，希望，野心を説明し，意見や計画の理由，説明を短く述べることができる。

基礎段階の言語使用者	A2	ごく基本的な個人的情報や家族情報，買い物，近所，仕事など，直接的関係がある領域に関する，よく使われる文や表現が理解できる。簡単で日常的な範囲なら，身近で日常の事柄についての情報交換に応ずることができる。自分の背景や身の回りの状況や，直接的な必要性のある領域の事柄を簡単な言葉で説明できる。
	A1	具体的な欲求を満足させるための，よく使われる日常的表現と基本的な言い回しは理解し，用いることもできる。自分や他人を紹介することができ，どこに住んでいるか，誰と知り合いか，持ち物などの個人的情報について，質問をしたり，答えたりできる。もし，相手がゆっくり，はっきりと話して，助け船を出してくれるなら簡単なやり取りをすることができる。

吉島他（訳），2004, p. 25

4.3 評価項目

インタラクションを評価しようとする場合，同じパフォーマンス評価ではあっても，これまで多く使用されてきたスピーチなどの発表形式用に準備された評価基準をそのまま使用するのは適切ではないであろう。2020年から順次施行された学習指導要領において「話すこと」が「発表」と「やり取り」に分けられていることをみれば明らかなように，ディスカッションなど複数話者によるやり取りには，「インタラクション能力」が必要とされ，それを評価項目に含めることが望まれるためである。面接も複数話者によるインタラクションの一つではあるが，May（2009）や Ducasse and Brown（2009）は，面接はいわゆるインタラクションとは大きく異なるため，インタラクションの評価においては，インタラクションでみられる特徴を評価項目に含めるべきであると主張している。また，van Batenburg et al.（2018）は，インタラクション能力を測定可能にすることが，言語テストを作成する者の責任であると述べている。

Luoma（2004）は，スピーキング・テストはテストの目的やタスクにより評価項目が変わるとした上で，単独の話者による描写式タスク（monologic description task）では，わかりやすさ（comprehensibility），談話の構成（discourse organization），正確さ（accuracy）や流暢さ（fluency）を採点することが多いであろうと述べている。それは，物語や説明など相手に情報を与える「発表」では，話の流れが重要で，どのように情報を伝えるか，どの程度流暢で正確か，どのような方略を使用するのか，どの程度上手に聞き手を引き込むか，などが評価の基準として使用されることが多いからである。一方，インタラクションなどのコミュニケーションを中心としたタスクやその評価は，比較的新しい概念であり，インタラクション技能（interaction skills），適切さ（appropriateness），語彙の範囲（vocabulary range）などを採点する可能性が高いかもしれないと述べている（Luoma, 2004, pp. 171–172）。

　また，Ducasse and Brown（2009）は，複数話者によるインタラクションにおいては幅広いインタラクション能力が必要であるとし，以下の3つの主なインタラクションの特徴を評価項目に含むべきであると主張している。それは，①ボディ・ランゲージや凝視などの対人非言語コミュニケーション（nonverbal interpersonal communication（use of body language and gaze）），②相手のことを聞いている・注意を向けているという態度（interactive listening），③トピックや話者交替の取り扱い方に関するインタラクション管理（interactional management）などである。

　さらに，Philp, Adams, and Iwashita（2014）は，複数話者によるインタラクションをみるテストにおいては，妥当性を明らかにするためにも，インタラクションの特徴を調べる必要があると述べている。例としては，談話方略（discourse strategy），トピック管理（topic management），インタラクションのスタイル

(interaction style) などが挙げられている。また，以下のような会話の特徴も明らかにするべきであると主張していて，トピックの順序（topic sequence），トピックの構成（topic organization），会話機能の範囲などを提示している。なお，会話機能の範囲としては，提案（suggestions），同意・不同意（agreement/disagreement），異議（challenging），協働構築（co-construction），インタラクションのパターン（patterns of interaction）などを含むとしている。ただし，これらは，Luoma同様，話者の熟達度やタスクの種類によって異なるので，適宜，変更する必要があるとも述べている。

　Nunn（2000）は同様に，インタラクションの特徴として，以下のようなものを挙げている。まず，インタラクションに参加するという能力で，ピンポイントのタイミングや正確さが求められるということ。そして，話者交替を経て，インタラクションに対して貢献し続け，自分の話す権利を守ったり，他の話者を指名したり，他の話者に合わせたり，即興で話したり，意味の交渉をしたり，間違いを正したり，意見を擁護したり，他者を支持したりすることなどである。これらは，これまでの評価基準に含まれることはほとんどなかったのではないだろうか。Nakatsuhara（2013）は，インタラクション評価において，このような能力が採点されないことは問題であると述べ，インタラクション能力測定の必要性を説いている。ケンブリッジ英検のResearch Notes, Issue 70（Nakatsuhara, May, Lam, & Galaczi, 2018）によると，教室では語彙，発音や流暢さといったスピーキング力を明確に表すものが好まれることが多く，インタラクション能力（話者交替，対話の管理や発展，聞いたことへの適正な対処，対話者への手助け等）が軽視されがちであると述べられている。一方，インタラクション能力全てを評価する難しさに触れ，個人の能力の特徴が現れるインタラクション方略を測定すべきであると主張する研究者もいる（Dornyei &

Kormos, 1998; Kormos, 2006; van Batenburg et al., 2018)。

　表2は，インタラクションについての2001年以降の研究において，実際に使用された評価項目および評価尺度等の一覧である。ここからみえてくることは，インタラクションを分析している研究者であっても，必ずしもインタラクション活動を十分に評価項目に含めているとは限らないということである。このように，インタラクションの評価はまだ発展途上であること，そして，インタラクション能力の評価基準はまだ定まっていないというのが実情であろう。

表2

インタラクションにおける評価項目等一覧（2001年以降に実施された研究）

著者（出版年）	人数	①トピック，②評価者，③評価尺度，④評価項目
Ockey（2001）	3	①授業で使用したことのあるトピック，②教員，③0-10点評価，④5項目（Comprehensibility, Fluency, Grammar, Vocabulary, Communicative strategies）
Nakamura（2003）	3-4	①与えたトピック，②教員，③4段階，④5項目（Fluency, Grammar, Vocabulary, Conversation strategies, Content）
Bonk & Ockey（2003）	3-4	①Written prompt を読んで1分準備後ディスカッション，②教員，③1-9点評価，④5項目（Pronunciation, Fluency, Grammar, Vocabulary/ content, Communication skills/strategies）
Berry（2004）	(4), 5, (6)	①短い文章を読んで，②教員，③9点評価，④2項目（Relevance, Participation and articulation）
Van Moere（2006）	(3), 4	①1分の reading →準備後ディスカッション，②教員，③0-4点評価（0.5点刻み），④5項目（Pronunciation, Fluency, Grammar, Vocabulary, Communicative effectiveness）

He & Dai (2006)	3, (4)	①視覚的な資料により与えられたトピック，②試験官，③（前者は不明，ILFs は量的・質的），④前者3項目: Accuracy and range, Size and discourse management, Flexibility and appropriacy ＋後者1項目: Interactional Language Functions（ILFs: (Dis)agreeing, asking for opinions or information, Challenging, Supporting, Modifying, Persuading, Developing, Negotiating meaning）
Van Moere (2007)	(3), 4	①短く簡単な文章とディスカッション・クエスチョンの書かれたもの，②教員，③0-4点評価（0.5点刻み），④5項目（Pronunciation, Fluency, Grammar, Vocabulary, Communication skills）
Ockey (2009)	4	①母語での説明ビデオ＋文章（母語と英語）で与えたトピック，②英語母語話者の教員，③9点評価，④5項目（Pronunciation, Fluency, Grammar, Vocabulary, Communication strategies）
Gan (2010)	4	①映画に関する質問，②研究者，③1-6点評価，④4項目（Pronunciation and delivery, Communication strategies, Vocabulary and language patterns, Ideas and organization）
Nakatsuhara (2011)	3 & 4	①インフォメーション・ギャップ＋10から3つ選ぶ順位付け＋与えたトピック，②教員，③事前のレベル分け，0-5点評価，④4項目（Pronunciation and intonation, Grammar, Vocabulary, Fluency and interactive communication）／分析：量的(Goal orientation, Interactional contingency, Quantitative dominance)，質的（会話分析の手法）
Negishi (2011)	3	①friends, family, school などの身近なトピック，②訓練を受けた教員，③CEFR の6段階＋それ以下の計7点評価，④5項目（Range, Accuracy, Fluency, Interaction, Coherence）／分析：量的，質的

Leaper & Riazi (2014)	3, 4	①短い文章で与えたトピック，②教員，③0.5-4点評価（0.5点刻み），④5項目（Pronunciation, Fluency, Grammar, Vocabulary, Communicative skills/strategies）
Ockey, Koyama, Setoguchi & Sun(2015)	3	①英語と日本語で書かれたアカデミックなテーマのトピック，②教員，③1-5点評価（0.5点刻み），④4項目（Pronunciation, Fluency, Vocabulary/grammar, Interactional competence）
van Batenburg, Oostdam, van Gelderen, & de Jong(2018)	2	①インタラクション方略を誘発するような，説明を求めるスピーキング・タスク，②教職課程の学部生，③全体および分析的各々1-5点評価，④4項目（Compensation, Meaning negotiation, Clarification, Correcting misinterpretation）
Nakatsuhara, May, Lam, & Galaczi(2018)	2	①ケンブリッジ英検 B2 First での対話タスク（feeedback 研究用），②訓練を受けた教員，③Well done, Needs more work の2種類，④簡易版で4項目（Initiate new ideas, Keep the discussion going over several turns, Negotiates towards an outcome, Use body language appropriately）
Leaper & Brawn(2019)	3, 4	①文章で与えられた質問，②担当者ではない教員，③5点評価，④4項目（Complexity, Accuracy, Fluency, Interactive function (initiating/responding/developing/collaborating)）
Youn(2020)	2	①ミーティング時間と方法を決めるロール・プレイ，②訓練を受けた評価者，③1-3点評価，④5項目（Content delivery, Language use, Sensitivity to situation, Engaging with interaction, Turn organization）

　次に，実際にインタラクション活動を実施しようとした時の諸条件について考える。まずは，グループの人数（4.4），次に評価対象者を一人にすべきかグループ全体にするか（4.5），そして，生徒や被験者に与える準備時間（4.6）である。

4.4 対話者の適正数

　インタラクション活動を実施して評価する場合，グループの人数が何名であるとより良いパフォーマンスを生むのかについて2名，3名，4名の中から考えてみる。

　Negishi（2017）では，24名の日本人大学生が，相手を変えて，2種類のペア・インタラクションと2種類の3名グループ・インタラクションに参加し，形式の差がパフォーマンスに影響を及ぼすか否かについて，質的分析から考察した。その結果，3名グループによる対話の方が，非対称なインタラクション・パターンが少なく，意味の交渉を含むインタラクション機能が多いことから，結果的により良い得点を得ていると推察された。このことから，ペアに比較すると，3名グループでやりとりをした方が平等に話をし，各話者がより良いスコアを得ることが示唆された。

　一方，Nakatsuhara は，3名グループと4名グループのインタラクション内容を比較して，4名よりは3名が良いと述べている。Nakatsuhara（2011,2013）は，日本人高校生269名を対象に，3名あるいは4名のグループ・ディスカッションを実施した。自己診断による内向性／外向性，テストの点数による英語熟達度，会話スタイルの違いなども要因として統計的に処理した。内／外向性の影響は3名よりも4名の方が大きく，3名の方がタスクを成し遂げるために協力し合うことが判明したという。特に，内向的な話者は4名グループの場合，自分が話さなくてもインタラクションが進むことから，話さなくなってしまう傾向があるのだという。

　これらの研究からのみ結論を出すのは早計ではあるが，これまでの経験も含め，3名グループによるインタラクションが，生徒の能力を最大限に引き出せ

る可能性が高いのではないだろうか。また，4名を1人の教員が評価するのは忙しいし，あまり話をしない生徒が出てしまうと，さらに評価が難しくなることも考慮してのことである。しかしながら，中学校・高校では1クラスの人数が多く，3名ではグループ数が多くなり過ぎ，コントロールしにくいという声もあることから，クラスの実情に合わせて人数を変更する必要はあると考える。

4.5 評価対象者

　複数話者の場合の被評価対象者は単複何れにすべきか，つまり評価される者がペアやグループの場合，各個人に得点を与えるべきであるのか，グループ全体に対して評価すべきであるのかという論争があるが，決着はついていない。インタラクション能力という観点から，May（2009, 2011）がペアによるインタラクション研究を通じて述べているのは，話者が同グループの他の話者に与える影響を減らすことは難しいだろうということで，評価者がすべきことは，やり取りの最も重要な特徴としてみられる，複数話者が協働的にインタラクションをしているかを確認することであり，インタラクション能力に対して受験者に同じ得点を与えることも考えるべきだと主張している。May は，ペアのスピーキング・テストにおいて，話者が相互にインタラクションを構築することが重要であるという考えを述べている。一方，Taylor and Wigglesworth（2009)のように，評価者が別々の評価項目から，個人に対する評価と全体に対する評価をするのは現実的に無理であると述べている研究者もいる。

　Negishi（2015b）では，訓練を受けた評価者が，①被験者の単独の発話に対して与えた得点と，同じ被験者がペアや3名グループ内で発話した時に与えた得点に違いがあるかどうか，②単独の場合とペアやグループで話した場合で，評価者はメンバーに同じ（あるいは近い）点数を与える傾向があるかどうかを

探っている。その結果，①については，全体的にみると，単独の場合よりもペア／グループの1人となった場合の方が，点数が低い傾向がみられた。しかしながら，被験者の英語レベルおよび組み合わせに対する評価の傾向を分析したところ，上位および下位レベルの被験者には，グループ・インタラクションでは低い点数を与える傾向がみられ，一方，中位レベルの被験者には，グループの際は高得点を与える傾向が顕著であったと報告している。また，②に関しては，グループのメンバーに対して同点をつける傾向が高くなることが判明した。条件等により結果は一律ではないと考えられるが，訓練を受けた評価者であっても，同じ被験者に対して，単独の場合とインタラクションの場合で異なる評価を下す可能性は否定できないということであろう。これは、テスト形式が異なっていることにより、評価も異なる、と考えることもできる。

　一方で，Shohamy et al.(1986)，Fulcher(1996)，Bonk and Ockey(2003)，Van Moere(2006)など多くの研究者は，グループでテストをしたとしても，受験者個人を別々に評価するのは適正であると述べている。特に，資格試験や受験等であれば，グループに対する評価というのは現実的ではないであろう。

　これらのことから，グループに対して評価をする場合と，各種試験のように各個人の能力を評価する場合とでは，おのずから，対象者を一緒にみるべきか，別個の個人としてみるかという違いが出てくるのだと考えられる。教室内でディスカッションを実施して評価する場合は，それらの点を考慮して，使い分けることも可能であろう。

4.6 準備時間

　タスクが与えられ，インタラクションを始めるまでの準備時間（pre-task planning time）はどの程度が適切なのであろうか。第二言語で慣れぬインタ

ラクションをするのであれば，限りあるワーキング・メモリを有効に活用する
という点で，ある程度の準備時間が必要であろう。特に，あまり馴染みのない
トピックやタスクであれば，十分な準備時間があるとよい，と Field（2011）は
述べている。プラニング時間が与える影響については様々な研究がなされてい
るが，主に単独被験者が対象で，プラニングの内容，タスク，学習者の熟達度
などにより様々な結果が出ている。その中で，1分間では短すぎて影響がみら
れない（Wigglesworth & Elder, 2010）といった結果や，10分程度の長いプラ
ニング時間を取ることにより流暢さは明らかに増加するものの，複雑さや正確
さにはそれほど影響を与えないという報告もなされている（Ellis, 2009）。

　Nitta and Nakatsuhara（2014）では，32名の被験者がペアによるディスカッ
ションをする際の準備時間（3分）の有無による，①得点の差，②談話分析手
法による流暢さ・複雑さ・正確さの違い，③会話分析，および，④ディスカッ
ション後のアンケート結果をそれぞれ分析している。その結果，①・②におい
て，準備時間を取った方が，発話の流暢さおよび複雑さが僅かに向上し，1つ
のターン（1人の話者が話している時間）が長くなるものの，話す速度には効
果がなかったという。④についても，大きな差はみうけられなかったが，③の
会話分析の結果，面白いことに，準備時間があると1つのターンが長くなって
単独で発話するような形になり，並行的インタラクションになる傾向があった
という。これは，準備していたことを話そうとして，インタラクション相手の
話にあまり興味を示さない，という He and Dai（2006）の結果と共通する面が
ある。また，事前に準備することにより，1人で長い時間話を続けたり，話者
としての役割に傾注してしまうなど，協働的にインタラクションを作り上げて
いくという視点が欠けてしまったという。これは，同様の現象により良いコミュ
ニケーションとはいえないインタラクションをしていた Luk（2010）の結果とも

重なる部分がある。一方，準備時間がない方が協働的なインタラクションになっていたと Nitta and Nakatsuhara は報告している。これらの結果をみる限り，教室内でインタラクション活動を行い，それを通して，生徒のコミュニケーション能力やインタラクション能力を伸ばそうとすれば，敢えて長い準備時間を取る必要はないのではないかと思われる。

4.7 教室内評価および相互評価

　就職や社内人事に関わるような民間試験でもスピーキング・テストが取り入れられつつある現在，教室内においてもディスカッションをはじめ，スピーキング・テストのための練習や試験をする必要性が大きくなっている。しかしながら，前述の通り，1人でひとクラスを担当する英語教員にとって，口頭パフォーマンスの評価は時間がかかり，その負担は大きい。また，試験をしている間に他の生徒に何をさせるかという課題もある。そこで，生徒を含めた教室内評価，相互評価を提案したい。

　Hirai, Ito, and O'ki (2011) によれば，クラス内の相互評価について研究したところ，誰が評価したのかを匿名にすれば教師と生徒の評価は高い相関があるということが分かったという。また，Saito (2008) では，相互評価の特徴として，①生徒と教師の評価は相関が高い，②相互評価は生徒自身の内省的学習を促進する，③生徒は相互評価に対して肯定的に反応することが多い，④評価は生徒の「責任の分担（shared responsibility）」（次の段落を参照）の感覚を養う手助けになる，と述べていることから，教室内の相互評価は利用する価値がありそうである。

　Luoma (2004) は，教室で評価をする場合は細かなフィードバックが必要であると述べている。その目的は，学習者が学習のゴールを設定できるようにす

ることと，採点の過程が生徒にわかりやすいようにするためである。Luomaは，相互評価の利点は，自分が話していないときでも教室で何が起きているのか意識でき，そのことによって自分の学習ゴールに気づく助けになると同時に，評価から学べ，お互いからも学べることである，と述べている。ただし，生徒の相互評価は，教師の評価の手助けにはなるが，代わりにはならないとも主張している。それは，教師はカリキュラムのゴールを知っている言語学習のプロなのだから，生徒のパフォーマンスを生徒とは異なる視点からみることができるという理由からである。一方，相互評価を取り入れることにより，教師は「評価する」という責任の一部を生徒とシェアすることができる。これが上述のSaito(2008)のいう「責任の分担（shared responsibility）」である。そのためには，学習者でも使用できるような評価項目を決める必要があり，学習者と一緒に相互評価の項目を作成するのも一案であると提案している。

　Luoma(2004)の述べていることは確かに正しいが，現実の教室内評価を考えてみた場合，「細かなフィードバック」というハードルを上げることにより，教員がインタラクションやディスカッションをしなくなってしまっては元も子もない。そこで，Luomaも推奨している，しっかりとした評価フォームを作成するということは必要となってくるであろう。筆者の個人的な提案だが，生徒でも理解可能な評価項目を提示して，それぞれに得点と記述的なコメントを書き込む欄を作成することにより，教員はもちろん，多くの生徒のフィードバックが集まることになる。もちろん，教員の評価とコメントも必須であるが，教員が一人で抱え込むよりは利点が大きいと思う。Nunn(2000)は，評価項目は，テスト・パフォーマンスを報告するだけではなく，指導の過程を導くこともできるし，実現可能なゴールを教員や生徒に提供することができる，と述べている。

5 CEFR および CEFR-J

文科省が各学校に作成を指示している「CAN-DO リスト」には，CEFR の考え方が取り入れられ，到達目標としても使用されている。CEFR とは，21世紀の言語教育に対して非常に大きな影響を及ぼした，外国語学習に関する枠組みである「欧州言語共通参照枠（*Common European Framework of Reference for Languages:Learning, teaching, assessment*)」（Council of Europe 欧州評議会, 2001）である。ここでは，CEFR（2001年版）と日本語版である CEFR-J について述べる。

5.1 CEFR (Council of Europe, 2001)

欧州評議会は，複言語主義（plurilingualism），複文化主義（pluriculturalism）に基づいた言語政策を行っているが，これは，欧州という複数の異なる言語環境の中で，各個人が複数の言語能力を持ち，複数の文化的体験をし，それらが相互に関連し合い統合された能力となって機能することが求められるからである（Council of Europe, 2001）。これらの観点から，欧州評議会では，長年の様々な言語研究を基に，理論に基づいた言語教授と学習に関する文書や書籍を公式に発刊しているが，その一つが21世紀の言語教育に対して非常に大きな影響を及ぼした，言語全体に関する枠組みの「CEFR」である。この言語共通参照枠においては，言語学習者の言語習得目標・言語教授・カリキュラム・教科書作成等に関わる情報が記述されている。CEFR においては，学習者自律（learner autonomy）を重視しており，「学ぶことを学ぶ」（learning to learn）ことによる生涯学習を目指している。その中で，言語学習者・言語使用者の能力を，Can Do 記述文（「〜ができる」という表現を用いた能力記述文）の載った表

で記述している（4.2の表1はその一例）。CEFR の能力記述文では，基礎段階の言語使用者を A1・A2，自立した言語使用者を B1・B2，熟達した言語使用者を C1・C2とし，全体で6レベルに分けている。CEFR の学習者中心（learner-centered）の考え方は日本の言語教育政策にも影響を及ぼしており，前述のように，文科省は中学校・高等学校に対し，各校の実情に合わせた独自の「CAN-DO リスト」(「～ができる」という表現を用いた枠組み）を作成するように要請したり，到達目標として使用したりしている。

　また，学校内の評価とは直接関係ないが，上述の自律能力を育成するためのツールとして開発されたのが，欧州評議会から出版された文書，「ヨーロッパ言語ポートフォリオ（European language portfolio: ELP)」(Little & Simpson, 2003）である。ELP は，CEFR の記述を個人の言語学習者が生涯にわたり記録できるようにしたポートフォリオで，言語能力の確認・言語学習記録・学習成果を保管する「ドシエ」からなり，様々な国や機関により数多くの ELP が開発され，それを欧州評議会が認定するという方法を取っている。ELP は学習者の自律能力育成のために3つの教育的原則，「学習者の参加（learner involvement)」，「学習者の省察（learner reflection)」，「適切な目標言語の使用（appropriate target language use)」を取っている。

　なお，2020年5月に Council of Europe より *Common European Framework of Reference for Languages: Learning, teaching, assessment: Companion volume*（CV）が出版されたが，現時点では指導要領をはじめ，日本では使用されることがほとんどないため，ここには載せていない。

5.2 CEFR-J

　CEFR は，その書籍のタイトルにもあるように，学ぶ・教える・評価する

(learning, teaching, assessment) という理念がある。それは，言語学習者は同時に言語使用者でもあるという考え方からきている。つまり，評価者というのは，試験の出題者だけを指すわけではなく，学習者も自己評価のできる評価者という考え方からきているもので，共通の評価基準に基づいて熟達度の伸長を評価するべきであるというものである。しかし，CEFR は多言語を念頭に置いていることから，能力記述文（descriptor）の表現が抽象的であること，能力記述文の表現に一貫性がなく同義語が様々なレベルに配置されていて，評価者を混乱させる可能性があることなどが指摘されている（Figueras, North, Takala, Verhelst, & Van Avermaet, 2005）。

　そこで，「CEFR に準拠しつつも，日本の教育環境における英語に関する枠組みに特化して開発」（投野，2013，p. 92）された評価基準が CEFR-J である。筆者個人の感覚であるが，CEFR が主に使用されているヨーロッパでは，どこの国へ行っても若い一般市民の英語力が大きく伸びているのを実感する。それに対し，日本人英語学習者に対する文科省の調査（文科省，2017: 平成29年度英語力調査）の「話すこと」について，スピーキング・テストで0点であった18.8％を含む87.2％の高校3年生が，CEFR の最下位レベルである A1 であったと報告[5] されている。また，Negishi, Takada, and Tono(2012)でも日本人英語学習者の約8割が A レベルという，初級者が圧倒的に多い状況であるとの報告がある。そのため，「現状の CEFR の A1，A2 レベルでは日本人英語学習

5　残念ながら，「話すこと」を単独で調査したのは上記データ（高校3年生は平成27年，中学校3年生は平成29年）が最後であり，現在実施されている「英語教育実施状況調査」（文部科学省，2021等）では「書くこと」・「話すこと」を合わせたパフォーマンス・テストの実施状況を調査しているだけで，実際の英語力については知る術がない。しかしながら，新学習指導要領下で「やり取り」を含めた「話すこと」の能力調査は近い将来実施されるものと思われる。

者が『できること』の記述としては不十分という認識があった」(p. 93) ことから，指導・評価の両方に使えるという目的のもと，CEFR-J が開発された。ここでも，CEFR に準拠し，「スピーキング」は「発表 (spoken production)」と「やり取り (spoken interaction)」の2つに分けられている。その結果，CEFR-J では，以下の表3のようなレベル設定が行われた。CEFR の6レベルの下に位置する Pre-A1 がある他，日本人国公立高校3年生の9割近くが入ってしまう A1 を3レベルに分けるなどの工夫がなされている。

　ちなみに，投野(2013)は，「やり取り」について，「オンタイムで会話が進むので，前もって話すことを準備することはできない。コミュニケーション能力が最も現れる，非常に重要なスキルである」(p. 204) と述べており，第二言語習得には欠かせない能力であるとしている。

表3

CEFR-J（投野, 2013, p. 94）と CEFR (2001)の各レベル設定

	Pre-A1	A1.1 A1.2 A1.3	A2.1 A2.2	B1.1 B1.2	B2.1 B2.2	C1	C2
CEFR-J							
CEFR		A1	A2	B1	B2	C1	C2

　付記に文部科学省の「平成29年度英語力調査」で使用された「CEFR/CEFR-J をもとにした本調査の測定範囲」を載せてある。CEFR-J の Pre-A1 から B2.2 までの範囲の CAN-DO リストとなっている。

謝辞

「4.1 スピーキング試験における妥当性と信頼性」は茨城大学の齋藤英敏教授に執筆いただいた。この場をお借りして感謝申し上げます。

引用文献

Bachman, L. F., & Palmer, A. S.(1996). *Language testing in practice: Designing and developing useful language tests.* Oxford: Oxford University Press.

Berry, V.(2004). *A study of the interaction between individual personality differences and oral performance test facets* [Unpublished doctoral dissertation], King's College, University of London.

Biber, D., Johansson, S., Leech, G., Conrad, S., & Finegan, E.(1999). *Longman grammar of spoken and written English.* London: Pearson.

Bonk, W. J., & Ockey, G. J.(2003). A many-facet Rasch analysis of the second language group oral discussion task. *Language Testing, 20* (1), 89–110.

Bonk, W. J., & Van Moere, A.(2004). *L2 group oral testing: The influence of shyness/outgoingness, match of interlocutors' proficiency level, and gender on individual scores.* Paper presented at the Language Testing. Research Colloquium.

Brooks, L.(2009). Interacting in pairs in a test of oral proficiency: Co-constructing a better performance. *Language Testing, 26* (3), 341–366.

Canale, M.(1983). From communicative competence to communicative language pedagogy. In J. Richards, & J. R. Schmidt(Eds.), *Language and communication* (pp. 1 – 27). London: Longman.

Canale, M., & Swain, M.(1980). Theoretical bases of communicative approaches to second language teaching and testing. *Applied Linguistics, 1,* 1–47.

Chapelle, C. A.(1998). Construct definition and validity inquiry in SLA research. In L. F. Bachman, & A. D. Cohen(Eds.), *Interfaces between second language acquisition and language testing research* (pp. 32–70). New York: Cambridge University Press.

Council of Europe(2001). *Common European Framework of Reference for*

Languages: Learning, teaching, assessment. Cambridge: Cambridge University Press.

Council of Europe(2020). *Common European Framework of Reference for Languages: Learning, teaching, assessment: Companion volume.* Retrieved May 10, 2021 from https://rm.coe.int/1680459f97

Damon, W., & Phelps, E.(1989). Critical distinctions among three approaches to peer education. *International Journal of Educational Research, 58* (2), 9-19.

Deville, M. C.(2003). Second language interaction: Current perspectives and future trends. *Language Testing, 20* (4), 369-383.

Davis, L.(2009). The influence of interlocutor proficiency in a paired oral assessment. *Language Testing, 26* (3), 367-396.

Dornyei, N. H., & Kormos, J.(1998). Problem-solving mechanisms in L2 communication. *Studies in Second Language Acquisition, 20* (3), 349-385.

Ducasse, A. M., & Brown, A.(2009). Assessing paired orals: Raters' orientation to interaction. *Language Testing, 26* (3), 423-443.

Egyud, G., & Glober, P.(2001). Oral testing in pairs: A secondary school perspective. *ELT Journal, 55,* 70-76.

Ellis, R.(2009). The differential effects of three types of task planning on the fluency, complexity, and accuracy in L2 oral production. *Applied Linguistics, 19,* 474-509.

Ellis, R., & Barkhuizen, G.(2005). *Analysing learner language.* Oxford: Oxford University Press.

ffrench, A.(2003). The change process at the paper level. Paper 5, Speaking. In C. Weir, & M. Milanovic(Eds.), *Continuity and innovation: Revising the Cambridge proficiency in English examination 1913-2002*(pp. 367-446). Cambridge: UCLES/Cambridge University Press.

Field, J.(2011). Cognitive validity. In L. Taylor(Ed.), *Examining speaking: Research and practice in assessing second language speaking* (pp. 65-111). Cambridge: Cambridge University Press.

Figueras, N., North, B., Takala, S., Verhelst, N., & Van Avermaet, P.(2005). Relating examinations to the Common European Framework: A manual. *Language Testing, 22* (3), 261-279.

Folland, D., & Robertson, D.(1976). Towards objectivity in group oral testing. *The Modern Language Journal, 30,* 156-167.

Fulcher, G.(1996). Testing tasks: Issues in task design and the group oral. *Language Testing, 13* (1), 23–51.

Galaczi, E. D.(2004). *Peer–peer interaction in a paired speaking test: The case of the First Certificate in English* [Unpublished doctoral dissertation], Teachers College, Columbia University.

Galaczi, E. D.(2008). Peer-peer interaction in a speaking test: The case of the First Certificate in English examination. *Language Assessment Quarterly, 5*, 89–119.

Gan, Z.(2010). Interaction in group oral assessment: A case study of higher- and lower-scoring students. *Language Testing, 27* (4), 585–602.

Gan, Z., Davison, C., & Hamp-Lyons, L.(2009). Topic negotiation in peer group oral assessment situations: A conversation analytic approach. *Applied Linguistics, 30* (3), 315–334.

Halliday, M. A. K., & Hasan, R.(1976). *Cohesion in English*. London: Longman. 安藤貞雄・多田保行・永田龍男・中川憲・高口圭車専(訳). (1997).『テクストはどのように構成されるか —言語の結束性—』東京：ひつじ書房.

He, L., & Dai, Y.(2006). A corpus-based investigation into the validity of the CET-SET group discussion. *Language Testing, 23* (3), 370–402.

Hirai, A., Ito, N., & O'ki, T.(2011). Applicability of peer assessment for classroom oral performance. *JLTA Journal, 14*, 41–59.

IELTS(2009). *IELTS Test Modules.* Retrieved Nov. 23, 2009 from http://www.abroadeducation.com.np/test-preparation/ielts/test-modules.html

Iwashita, N.(1996). The validity of the paired interview format in oral performance assessment. *Melbourne Papers in Language Testing*, 51–66. Retrieved March 4, 2009, from www.ltrc.unimelb.edu.au/mplt/paper/05_2_3_Iwashita.pdf

和泉絵美・内元清貴・井佐原均(2004).『日本人1200人の英語スピーキングコーパス』独立行政法人 情報通信研究機構. アルク.

JACET(2003).『JACET 基本 8000語』東京: 大学英語教育学会.

Johnson, M.(2001). *The art of non-conversation: A reexamination of the validity of the oral proficiency interview.* New Haven, CT: Yale University Press.

Kane, M. T.(2006). Validation. In R. L. Brennan（Ed.）, *Educational Measurement*（4th ed., pp. 17–64). Westport, CT: Praeger.

小泉利恵(2018).『英語4技能テストの選び方と使い方　—妥当性の観点から—』東京: アルク.

Kormos, J.(1999). Simulating conversations in oral proficiency assessment: A conversation analysis of role plays and non-scripted interviews in language exams. *Language Testing, 16*（2）, 163–188.

Kormos, J.(2006). *Speech production and second language acquisition*. London: Routledge.

Kramsch, C.(1986). From language proficiency to interactional competence. *The Modern Language Journal, 70*, 366–372.

Kunnan, A. J.(2014). Fairness and justice in language assessment. In A. J. Kunnan (Ed.), *The companion to language assessment: Volume II Evaluation, methodology, and interdisciplinary themes* (pp. 1098–1114). Chichester, UK: John Wiley & Sons.

Lazaraton, A.(2002). *A qualitative approach to the validation of oral language tests*. Cambridge: UCLES/Cambridge University Press.

Leaper, D. A., & Brawn, J. R.(2019). Detecting development of speaking proficiency with a group oral test: A quantitative analysis. *Language Testing, 36*(2), 181–206.

Leaper, D. A., & Riazi, M.(2014). The influence of prompt on group oral tests. *Language Testing, 31*（2）, 177–204.

Little, D., & Simpson, B.(2003). *European language portfolio: The intercultural component and learning how to learn*. Graz/Strasbourg: Council of Europe Publishing.

Long, M.(1996). The role of the linguistic environment in second language acquisition. In R. William, & B. Tej(Eds.), *Handbook of second language acquisition* (pp. 413–468). San Diego: Academic Press.

Luk, J.(2010). Talking to score: Impression management in L2 oral assessment and the co-construction of a test discourse genre. *Language Assessment Quarterly, 7*, 25–53.

Luoma, S.(2004). *Assessing speaking*. Cambridge: Cambridge University Press.

May, L.(2009). Co-constructed interaction in a paired speaking test: The rater's perspective. *Language Testing, 26*（3）, 397–421.

May, L.(2011). Interactional competence in a paired speaking test: Features salient to raters. *Language Assessment Quarterly, 8*（2）, 127–145.

May, L., Nakatsuhara, F., Lam, D., & Galaczi, E.(2020). Developing tools for learning oriented assessment of interactional competence: Bridging theory and practice. *Language Testing, 37*（2）, 165–188.

McNamara, R. F.(1997). 'Interaction' in second language performance assessment: Whose performance? *Applied Linguistics, 18*（4）, 446–466.

Messick, S.(1995). Validity of psychological assessment: Validation of inferences from persons' responses and performances as scientific inquiry into score meaning. *American Psychologist, 50*（9）, 741–749.

文部科学省(2017).「平成29年度英語教育改善のための英語力調査事業報告」 https://www.mext.go.jp/a_menu/kokusai/gaikokugo/1403470.htm　アクセス日 2022年10月10日

文部科学省(2021).「令和3年度『英語教育実施状況調査』の結果について」https://www.mext.go.jp/a_menu/kokusai/gaikokugo/1415043_00001.htm アクセス日 2022年10月10日

Nakamura, Y.(2003). *Oral proficiency assessment: Dialogue test and multilogue test.* Proceedings of the 2nd Annual JALT Pan-SIG Conference, 52–62.

Nakatsuhara, F.(2011). Effects of test-taker characteristics and the number of participants in group oral tests. *Language Testing, 28*（4）, 483–508.

Nakatsuhara, F.(2013). *The co-construction of conversation in group oral tests.* Frankfurt am Main: Peter Lang.

Nakatsuhara, F., May, L., Lam, D., & Galaczi, E.(2018). Learning oriented feedback in the development and assessment of interactional competence. *Research Notes, 70*, 1–68. Retrieved November 24, 2021 from www.cambridgeenglish.org/Images/517543-research-notes-70.pdf

Negishi, J.(2011). *Characteristics of group oral interactions performed by Japanese learners of English* [Unpublished doctoral dissertation], Waseda University.

Negishi, J.（2015a）. Effects of test types and interlocutors' proficiency on oral performance assessment. *Annual Review of English Language Education in Japan, 26*, 333–348.

Negishi, J.(2015b). Assessment behavior and perceptions of raters in paired and group oral interaction. *Journal of Pan-Pacific Association of Applied Linguistics, 19*（1）, 195–213.

Negishi, J.(2017). *Relationship between assessment and interlocutors' performance with two types of oral test.* Presented on August 18, 2017 at the 22nd Conference of Pan-Pacific Association of Applied Linguistics: Hanyang University, Korea.

Negishi, M., Takada, T., & Tono, Y.(2012). A progress report on the development of the CEFR-J. *Studies in Language Testing, 36*, 137–157.

Nevo, D., & Shohamy, E.(1984). *Applying the joint committee's evaluation standards for the assessment of alternative testing methods.* Paper presented at the Annual Meeting of the American Educational Research Association, New Orleans, Louisiana. Retrieved November 28, 2009, from http://eric.ed.gov/ERICDocs/data/ericdocs2sql/content_storage_01/0000019b/80/34/7c/15.pdf （ED. 243 934）.

日本言語テスト学会事務局(2016).『日本言語テスト学会誌』第19号.

Nitta, R., & Nakatsuhara, F.(2014). A multifaceted approach to investigating pre-task planning effects on paired oral test performance. *Language Testing, 31*（2）, 147–176.

Norton, J.(2005). The paired format in the Cambridge Speaking Tests. *ELT Journal, 59*（4）, 287–297.

Nunn, R.(2000). Designing rating scales for small-group interaction. *English Language Teaching Journal, 54*（2）, 169–178.

Ockey, G. J.(2001). Is the oral interview superior to the group oral? *Working Papers, International University of Japan, 11*, 22–40. Retrieved November 26, 2017 from http://hdl.handle.net/10623/16599

Ockey, G. J.(2009). The effects of group members' personalities on a test taker's L2 group oral discussion test scores. *Language Testing, 26*（2）, 161–186.

Ockey, G. J., Koyama, D., & Setoguchi, E.(2013). Stakeholder input and test design: A case study on changing the interlocutor familiarity facet of the group oral discussion test. *Language Assessment Quarterly, 10*, 292–308.

Ockey, G. J., Koyama, D., Setoguchi, E., & Sun, A.(2015). The extent to which TOEFL iBT speaking scores are associated with performance on oral language tasks and oral ability components for Japanese university students. *Language Testing, 32*（1）, 39–62.

O'Sullivan, B.(2002). Learner acquaintanceship and oral proficiency test pair-task performance. *Language Testing, 19*（3）, 277–295.

Philp, J., Adams, R., & Iwashita, N.(2014). *Peer interaction and second language learning.* New York: Routledge.

Riggenbach, H.(1991). Toward an understanding of fluency: A microanalysis of non-native speaker conversations. *Discourse Processes, 14*（4）, 423–441.

Roever, C., & Kasper, G.(2018). Speaking in turns and and sequences: Interactional competence as a target construct in testing speaking. *Language Testing, 35*

(3), 331-355.

Saito, H.(2008). EFL classroom peer assessment: Training effects on rating and commenting. *Language Testing, 25* (4), 553-581.

Saville, N., & Hargreaves, P.(1999). Assessing speaking in the revised FCE. *ELT Journal, 53* (1), 42-51.

Schmidt, R.(2000). Foreword. In H. Riggenbach(Ed.), *Perspectives on fluency* (pp. i-vii). Ann Arbor: University of Michigan Press.

Shohamy, E., Reves, T., & Bejarano, T.(1986). Introducing a new comprehensive test of oral proficiency. *ELT Journal, 40* (3), 212-220.

Skehan, P.(2001). Tasks and language performance assessment. In M. Bygate, P. Skehan, & M. Swain(Eds.), *Researching pedagogic tasks* (pp. 167-185). London: Longman.

Skehan, P., & Foster, P.(1999). The influence of task structure and processing conditions on narrative retellings. *Language Learning, 49* (1), 93-120.

Storch, N.(2002). Patterns of interaction in ESL pair work. *Language Learning, 52* (1), 119-158.

Swain, M.(1984). Large-scale communicative language testing: A case study. In S. J. Savingnon, & M. S. Berns(Eds.), *Initiatives in communicative language teaching*(pp. 185-202). Massachusetts: Addison-Wesley Publishing Company.

Swain, M.(2001). Examining dialogue: Another approach to content specification and to validating inferences drawn from test scores. *Language Testing, 18* (3), 275-302.

Taylor, L.(2000). Investigating the paired speaking test format. *UCLES Research Notes, Vol. 2*, retrieved March 8, 2009, from http://www.cambridgeesol. org/rs_notes/rs_nts2.pdf

Taylor, L.(2001). The paired speaking test format: Recent studies. *UCLES Research Notes, Vol. 6*, retrieved March 8, 2009, from http://www.cambridgeesol.org/ rs_notes/rs_nts6.pdf

Taylor, L., & Wigglesworth, G.(2009). Are two heads better than one? Pair work in L2 assessment contexts. *Language Testing, 26* (3), 325-339.

投野由起夫(編)(2013). 『CAN-DO リスト作成・活用 英語到達度指標 CEFR-J ガイドブック (CD-ROM 付)』東京:大修館書店.

van Batenburg, E. S. L., Oostdam, R. J., van Gelderen, A. J. S., & de Jong, N. H. (2018). Measuring L2 speakers' interactional ability using interactive speech tasks. *Language Testing, 35* (1), 75-100.

van Lier, L.(1989). Reeling, writhing, drawling, stretching, and fainting in coils: Oral proficiency interviews as conversation. *TESOL Quarterly, 23*, 489-508.

Van Moere, A.(2006). Validity evidence in a university group oral test. *Language Testing, 23* (4), 411-440.

Van Moere, A.(2007). *Group oral test: How does task affect candidate performance and test score?* [Unpublished PhD thesis], The University of Lancaster.

Webb, N. M.(1995). Group collaboration in assessment: Multiple objectives, processes, and outcomes. *Educational Evaluation and Policy Analysis, 17* (2), 239-261.

Wigglesworth, G., & Elder, C.(2010). An investigation of the effectiveness and validity of planning time in speaking test tasks. *Language Assessment Quarterly, 7*, 1-24.

吉島茂・大橋理枝・奥聡一郎・松山明子・竹内京子(訳)(2004).『外国語教育Ⅱ―外国語の学習，教授，評価のためのヨーロッパ共通参照枠―』東京：朝日出版社.

Youn, S. J.(2020). Managing proposal sequences in role-play assessment: Validity evidence of interactional competence across level. *Language Testing, 37* (1), 76-106.

Young, R.(2000). *Interactional competence: Challenges for validity.* Paper presented at the Annual Meeting of the American Association for Applied Linguistics, Vancouver, Canada. ERIC 444361. Retrieved November 2, 2008, from http://www.wisc.edu/english/rfyoung/IC_C4V.Paper.PDF

Young, R., & Milanovic, M.(1992). Discourse variation in oral proficiency interviews. *Studies in Second Language Acquisition, 14*, 403-424.

付記

文科省「英語教育実施状況調査」で使用されている CEFR に基づく英語力指標

CEFR / CEFR-J をもとにした本調査の測定範囲

調査結果について

本調査結果では、英語力の指標として CEFR および CEFR-J を用いた。CEFR-J は、CEFR に準拠して基礎レベルをより詳細に枝分かれさせた日本人英語学習者向けの参照枠である。CEFR の「A1」は、CEFR-J では「A1.1」「A1.2」「A1.3」に分割される。本調査の CEFR 閾値は、「Pre A1」「A1.1」「A1.2」「A1.3」を「A1 以下」とした。各レベルが表す英語力の目安は以下の表の通りである。

CEFR レベル		Reading	Listening	Writing	Speaking (表現)	Speaking (やりとり)	測定範囲 高校	測定範囲 中学
B2		筆者の姿勢や視点が出ている現代の問題についての記事や報告が読める。現代文字の散文は読める。	長い込話や講義を理解することができる。また、もし話題がある程度身近な範囲であれば、議論の流れが複雑であっても理解できる。たいていのテレビのニュースや時事問題の番組も分かる。標準語の大部分の映画なら、理解できる。	興味関心のある分野内なら、幅広くいろいろな話題について、明瞭で詳細な説明文を書くことができる。エッセイやレポートで情報を伝え、一定の視点に対する支持や反対の理由を書くことができる。手紙の中で、事件や体験についてのとっての意義を中心に書くことができる。	自分の興味関心のある分野に関連する限り、幅広い話題について、明瞭で詳細な説明をすることができる。時事問題について、いろいろな可能性の長所、短所を示して自己の見方を説明できる。	流暢に自然に会話をすることができ、母語話者と普通にやり取りができる。身近なコンテクストの議論に積極的に参加し、自分の意見を説明し、弁明できる。		
B1		非常によく使われる日常言語や、自分の仕事関連の言葉で書かれたテクストを理解できる。起こったこと、感情、希望が表現されている私信を理解できる。	仕事、学校、娯楽で普段出会うような身近な話題について、明瞭で標準的な話し方の会話なら要点を理解することができる。話し方が比較的ゆっくり、はっきりとしているなら、時事問題や、個人的もしくは仕事上の話題についても、ラジオやテレビ番組の要点を理解することができる。	身近で個人的に関心のある話題について、つながりのあるテクストを書くことができる。私信で経験や印象を書くことができる。	簡単な方法で語句をつないで、自分の経験や出来事、夢や希望、野心を述べることができる。意見や計画に対する理由や説明を簡単に示すことができる。物語を語ったり、本や映画のあらすじを話し、またそれに対する感想、考えを表現できる。	当該言語圏の旅行中に起こりそうなたいていの状況に対処することができる。例えば、旅行、家族や趣味、仕事、最近の出来事など、日常生活に直接関係のあることや個人的な関心事についての準備なしに会話に入ることができる。		
A2	A2.2	簡単な英語で表現されていれば、旅行ガイドブック、レシピなど実用的・具体的で予想できるものから必要な情報を探すことができる。	スポーツ・料理などの一連の行動を、ゆっくりはっきりと指示されれば、指示通りに行動することができる。	身の回りの出来事や趣味、場所、仕事などについて、個人的経験や自分に直接必要のある領域での事柄であれば、簡単な描写ができる。	写真や絵、地図などの視覚的補助を利用しながら、一連の簡単な語句や文を使って、自分の毎日の生活に直接関連のあるトピック（自分のことなど）、学校のことなど）について、短い	簡単な英語で、意見や気持ちをやりとりしたり、賛成や反対などの自分の意見を伝えたり、物や人を紹介したりすることができる。		

A2	A2.1	簡単な語を用いて書かれた人物描写、場所の説明、日常生活や文化の紹介などの、説明文を理解することができる。	ゆっくりはっきりと放送されれば、公共の乗り物や駅や空港の短い簡潔なアナウンスを理解することができる。	日常的・個人的な内容であれば、招待状、私的な手紙、メモ、メッセージなどを簡単な英語で書くことができる。	一連の簡単な語句や文を使って、自分の趣味や持技に触れる簡潔に自己紹介をすることができる。	順序を表す語句である first, then, next などのつなぎ言葉や「右に曲がって」「まっすぐ行って」などの基本的な表現を使って、単純な道案内をすることができる。
A1 上位	A1.3	簡単な語を用いて書かれた、スポーツ・音楽・旅行など個人的な興味のあるトピックに関する文章を、イラストや写真も参考にしながら理解することができる。	ゆっくりはっきりと話されれば、自分自身や自分の家族・学校・地域などの身の回りの事柄に関連した句や表現を理解することができる。	自分の経験について、辞書を用いて、短い文章を書くことができる。	前もって発話することを用意した上で、限られた身近なトピックについて、簡単な語や句を用いて基礎的な表現を用い、複数の文で意見を言うことができる。	趣味、部活動などのなじみのあるトピックに関して、はっきりと話されれば、簡単な質疑応答をすることができる。
	A1.2	簡単なポスターや招待状等の日常生活で使われる非常に短い簡単な文章を読み、理解することができる。	趣味やスポーツ、部活動などの身近なトピックに関する短い話を、ゆっくりはっきりと話されれば、理解することができる。	簡単な語や基礎的な表現を用いて、身近なこと（好き嫌いなど）について短い文章を書くことができる。	前もって発話することを用意した上で、限られた身近なトピックについて、簡単な語や基礎的な句を用いた構文で短い文を言うことができる。	基本的な語や言い回しを使って日常のやりとり（何ができるかできないかや色についてのやりとりなど）において単純に応答することができる。
A1.1	A1.1	「駐車禁止」「飲食禁止」等の日常生活で使われる非常に短い簡単な指示を読み、理解することができる。	当人に向かって、ゆっくりはっきりと話されれば、「立て」「座れ」「止まれ」といった短い簡単な指示を理解することができる。	住所・氏名・職業などの項目がある表を埋めることができる。	基礎的な語句、定型表現を用いて、限られた個人情報（家族や趣味など）を伝えることができる。	なじみのある定型表現を使って、時間・日にち・場所について質問したり、質問に答えたりすることができる。
A1 下位	Pre.A1	口頭活動で既に慣れ親しんだ絵本の中の単語などを見つけることができる。	ゆっくりはっきりと話されれば、日常の身近な語を聞き取ることができる。	アルファベットの大文字・小文字、単語のつづりをブロック体で書くことができる。	簡単な語や基礎的な句を用いて、自分について、ごく限られた情報（名前、年齢など）を伝えることができる。	基礎的な語句や基礎的な句を用いて、「助けて！」や「～がほしい」などのイプンの要求を伝えることができる。また、欲しいものを指さしながら自分の意思を伝えることができる。

（出典）『CAN-DO リスト作成・活用　英語到達度指標 CEFR-J ガイドブック』(2013)、投野由紀夫（編）、大修館書店

（出典）Council of Europe (2008)『外国語の学習、教授、評価のためのヨーロッパ共通参照枠』、吉島茂、大橋理枝（訳、編）、朝日出版社

※上記出典をもとに、【B2】【B1】は「CEFR」、【A2】【A1】は「CEFR-J」の CAN-DO 文言をもとに作成

【著者紹介】

根岸　純子（ねぎし　じゅんこ）

鶴見大学文学部英語英米文学科教授。理科と英語の教師として
小学校・中学校で教鞭を取ったのち、早稲田大学大学院教育学
研究科博士課程、同博士後期課程修了、シドニー大学大学院教
育社会学研究科修士課程 TESOL 専攻修了。博士（教育学）。
早稲田大学・立教大学等の非常勤講師・兼任講師を経て、2013
年より鶴見大学。専門は英語科教育、応用言語学、特にスピー
キングとインタラクション。共著に『英語教育グローバルデザ
イン』（学文社、2005年）、『英語教育の実践的探究』（渓水社、
2015年）など。

〈比較文化研究ブックレット№21〉

インタラクション能力と評価
―英語での「話すこと（やり取り）」

2023年3月31日　初版発行

著　　　者　根岸　純子
企画・編集　鶴見大学比較文化研究所
　　　　　　〒230-0063　横浜市鶴見区鶴見2-1-3
　　　　　　鶴見大学6号館
　　　　　　電話　045（580）8196
発　　　行　神奈川新聞社
　　　　　　〒231-8445　横浜市中区太田町2-23
　　　　　　電話　045（227）0850
印　刷　所　神奈川新聞社クロスメディア営業局

定価は表紙に表示してあります。

「比較文化研究ブックレット」の刊行にあたって

比較文化は二千年以上の歴史があるが、学問として成立してからはまだ百年足らずである。近年、世界のグローバル化に伴いその重要性は増してきている。特に異文化理解と異文化交流、異文化コミュニケーションといった問題は、国内外を問わず、切実かつ緊急の課題として現前している。同時多発テロの深層にも異文化の衝突があることは誰もが認めるところであろう。

さらに比較文化研究は、あらゆる意味で「境界を超えた」ところに、その研究テーマがある。国家や民族ばかりではなく時代もジャンルも超えて、人間の営みとしての文化を研究するものである。インターネットで世界が狭まりつつある二十一世紀が、同時多発テロと報復戦争によって始まったことは歴史のパラドックスであろう。文化もテロリズムも戦争も、その境界を失いつつある現在、比較文化研究はその境界を超えた視点を持った新しい学問なのである。

鶴見大学に比較文化研究所準備委員会が設置されて十余年、研究所が設立されて三年を越えて機も熟し、本シリーズの発刊の運びとなった。比較文化論は近年ブームともいえるほど出版されているが、その多くは思いつき程度の表面的な文化比較であり、学術的な検証に耐えうるものは少ない。本シリーズは学術的な検証に耐えつつ、啓蒙的教養書として平易に理解しやすい形で、知の文化的発信を行おうという試みである。大学およびその付属研究所の使命は、単に閉鎖された空間における学術研究のみにその使命があるのではない。広く社会にその使命があるのではない。ましてや比較文化研究が閉鎖されたものであって良いわけがない。それぞれ機関誌や学術誌に各自の研究成果を発表しているが、本シリーズでより研究所のメンバーはそれぞれ機関誌や学術誌に各自の研究成果を発表しているが、本シリーズでより豊かな成果を社会に問うことを期待している。

二〇〇二年三月

鶴見大学比較文化研究所　所長　相良英明

比較文化研究ブックレット近刊予定

■「映画でめぐるイングランド北部」（仮題）

菅野素子

イングランドの北部を舞台にした最近の映画といえば、まず『リトル・ダンサー』（2000年）が思い浮かびます。ダラムの炭鉱夫一家に生まれた少年ビリーがバレエダンサーを目指す物語は今ではミュージカルにリメイクされて、洋の東西を問わず大人気を博しています。しかし、北部イングランドを舞台にした秀作映画は他にもたくさんあります。今回のブックレットでは、その魅力の一端をご紹介いたします。

■南ドイツの大富豪フッガー家とヴェルザー家
――知られざる最初の"Global Player"（仮題）

栂　香央里

フッガー家とヴェルザー家を知っていますか。ヨーロッパでは16世紀の大商人として名高く、アウクスブルクを本拠に現在もなお存続しています。両家は「皇帝を買い」（カール5世の皇帝選挙融資）、現在のブラジルを除く南米を支配した可能性（ヴェルザーのベネズエラ経営およびフッガーのチリ入植計画）もありました。

両家は貴族身分を得ますが、フッガー家は農民出身、ヴェルザー家は都市エリートとして出自は異なっています。両家が地位を確立する過程を、都市、商業、宗教の様々な視点から比較分析し、現在も色濃く残るヨーロッパ身分社会の源流を辿ります。

比較文化研究ブックレット・既刊

No. 1　詩と絵画の出会うとき

～アメリカ現代詩と絵画～　　森　邦夫

ストランド、シミック、ハーシュ、3人の詩人と芸術との関係に焦点をあて、アメリカ現代詩を解説。

A 5 判　57頁　602円（税別）
978-4-87645-312-2

No. 2　植物詩の世界

～日本のこころ　ドイツのこころ～　　冨岡悦子

文学における植物の捉え方を日本、ドイツの詩歌から検証。民族、信仰との密接なかかわりを明らかにし、その精神性を読み解く！

A 5 判　78頁　602円（税別）
978-4-87645-346-7

No. 3　近代フランス・イタリアにおける悪の認識と愛

加川順治

ダンテの『神曲』やメリメの『カルメン』を題材に、抵抗しつつも〝悪〟に惹かれざるを得ない人間の深層心理を描き、人間存在の意義を鋭く問う！

A 5 判　84頁　602円（税別）
978-4-87645-359-7

No. 4　夏目漱石の純愛不倫文学

相良英明

夏目漱石が不倫小説？　恋愛における三角関係をモラルの問題として真っ向から取り扱った文豪のメッセージを、海外の作品と比較しながら分かりやすく解説。

A 5 判　80頁　602円（税別）
978-4-87645-378-8

比較文化研究ブックレット・既刊

No.5　日本語と他言語

【ことば】のしくみを探る　三宅知宏

日本語という言語の特徴を、英語や韓国語など、他の言語と対照しながら、可能な限り、具体的で、身近な例を使って解説。

A 5判　88頁　602円（税別）
978-4-87645-400-6

No.6　国を持たない作家の文学

ユダヤ人作家アイザックB・シンガー　大﨑ふみ子

「故国」とは何か？　かつての東ヨーロッパで生きたユダヤの人々を生涯描き続けたシンガー。その作品に現代社会が見失った精神的な価値観を探る。

A 5判　80頁　602円（税別）
978-4-87645-419-8

No.7　イッセー尾形のつくり方ワークショップ

土地の力「田舎」テーマ篇　吉村順子

演劇の素人が自身の作ったせりふでシーンを構成し、本番公演をめざしてくりひろげられるワークショップの記録。

A 5判　92頁　602円（税別）
978-4-87645-441-9

No.8　フランスの古典を読みなおす

安心を求めないことの豊かさ　加川順治

ボードレールや『ル・プティ・フランス』を題材にフランスの古典文学に脈々と流れる"人の悪い人間観"から生の豊かさをさぐる。

A 5判　136頁　602円（税別）
978-4-87645-456-3

比較文化研究ブックレット・既刊

No.9 人文情報学への招待

大矢一志

コンピュータを使った人文学へのアプローチという新しい研究分野を、わかりやすく解説した恰好の入門書。

A 5 判　112頁　602円（税別）
978-4-87645-471-6

No.10 作家としての宮崎駿

〜宮崎駿における異文化融合と多文化主義〜　相良英明

「ナウシカ」から「ポニョ」に至る宮崎駿の軌跡を辿りながら、宮崎作品の異文化融合と多文化主義を読み解く。

A 5 判　84頁　602円（税別）
978-4-87645-486-0

No.11 森田雄三演劇ワークショップの18年

―Mコミュニティにおけるキャリア形成の記録―　吉村順子

全くの素人を対象に演劇に仕上げてしまう、森田雄三の「イッセー尾形の作り方」ワークショップ18年の軌跡。

A 5 判　96頁　602円（税別）
978-4-87645-502-7

No.12 PISAの「読解力」調査と全国学力・学習状況調査

―中学校の国語科の言語能力の育成を中心に―　岩間正則

国際的な学力調査である PISA と、日本の中学校の国語科の全国学力・学習状況調査。この2つの調査を比較し、今後身につけるべき学力を考察する書。

A 5 判　120頁　602円（税別）
978-4-87645-519-5

比較文化研究ブックレット・既刊

No.13 国のことばを残せるのか

ウェールズ語の復興　松山　明子

イギリス南西部に位置するウェールズ。そこで話される「ウェールズ語」が辿った「衰退」と「復興」。言語を存続させるための行動を理解することで、私たちにとって言語とは何か、が見えてくる。

A５判　62頁　662円（税込）
978-4-87645-538-6

No.14 南アジア先史文化人の心と社会を探る

―女性土偶から男性土偶へ：縄文・弥生土偶を参考に―　宗䑓秀明

現在私たちが直面する社会的帰属意識（アイデンティティー）の希薄化・不安感に如何に対処すれば良いのか？先史農耕遺跡から出土した土偶を探ることで、答えが見える。

A5判　60頁　662円（税込）
978-4-87645-550-8

No.15 人文情報学読本

―胎動期編―　大矢一志

デジタルヒューマニティーズ、デジタル人文学の黎明期と学ぶ基本文献を網羅・研修者必読の書。

A5判　182頁　662円（税込）
978-4-87645-563-8

No.16 アメリカ女子教育の黎明期

共和国と家庭のあいだで　鈴木周太郎

初期アメリカで開設された３つの女子学校。
　―相反する「家庭性」と「公共性」の中で、立ち上がってくる女子教育のあり方を考察する。

A5判　106頁　662円（税込）
978-4-87645-577-5

比較文化研究ブックレット・既刊

No.17 本を読まない大学生と教室で本を読む

文学部、英文科での挑戦　深谷　素子

　生涯消えない読書体験のために！「深い読書体験は、生涯消えることなく読者を支え励ます」いまどきの学生たちを読書へと誘う授業メソッドとは。

A5判　108頁　662円（税込）
978-4-87645-594-2

No.18 フィリピンの土製焜炉

ストーブ　田中　和彦

　南中国からベトナム中部、ベトナム南部、マレーシアのサバ州の資料を概観し、ストーブの出土した遺跡は、いずれも東シナ海域及び南シナ海域の海が近くに存在する遺跡であることが明らかになった。

A5判　90頁　660円（税込）
978-4-87645-606-2

No.19 学びの場は人それぞれ

―不登校急増の背景―　吉村　順子

　コロナじゃみんな不登校、そして大人はテレワーク。ならば、学校を離れた学びを認める方向に社会は進む、はず、だが変化を容認しない社会の無意識がそれを阻むかもしれない。一方、実際にホームスクーリングの動きは各地で次々と起きている。

A5判　100頁　660円（税込）
978-4-87645-617-8

No.20 つけるコルセット　つくるコルセット

ロイヤル・ウースター・コルセット・カンパニーからみる
20世紀転換期アメリカ　　　　　　鈴木周太郎

　コルセットを「つける女性」と「つくる女性」を併せて考察することで、20世紀転換期のジェンダー秩序を、あるいはこの時代そのものより深く理解する手がかりになるのではないだろうか。　A5判　108頁　660円（税込）
978-4-87645-664-2